Stammbaum der Familien Feuchtmayer - Schmuzer

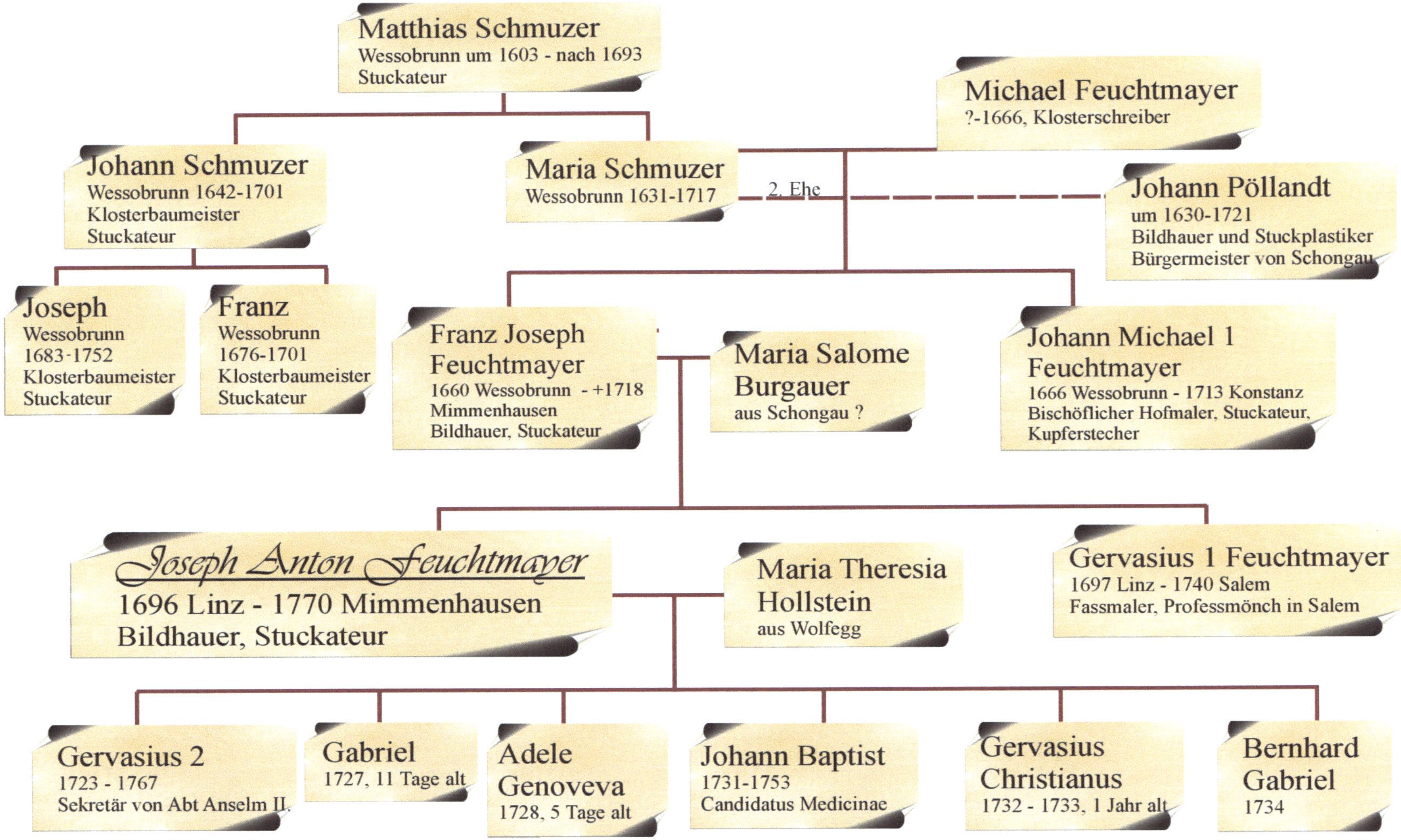

- **Michael Feuchtmayer** — ?-1666, Klosterschreiber
  - ⚭ **Maria Schmuzer** (Wessobrunn 1631-1717) [2. Ehe]
    - (1. Ehe) **Johann Pöllandt** — um 1630-1721, Bildhauer und Stuckplastiker, Bürgermeister von Schongau

- **Matthias Schmuzer** — Wessobrunn um 1603 - nach 1693, Stuckateur
  - **Maria Schmuzer** — Wessobrunn 1631-1717
  - **Johann Schmuzer** — Wessobrunn 1642-1701, Klosterbaumeister, Stuckateur
    - **Franz** — Wessobrunn 1676-1701, Klosterbaumeister, Stuckateur
    - **Joseph** — Wessobrunn 1683-1752, Klosterbaumeister, Stuckateur

- **Johann Michael 1 Feuchtmayer** — 1666 Wessobrunn - 1713 Konstanz, Bischöflicher Hofmaler, Stuckateur, Kupferstecher
  - ⚭ **Maria Salome Burgauer** aus Schongau ?
  - **Franz Joseph Feuchtmayer** — 1660 Wessobrunn - †1718 Mimmenhausen, Bildhauer, Stuckateur

- **Gervasius 1 Feuchtmayer** — 1697 Linz - 1740 Salem, Fassmaler, Professmönch in Salem

- **Joseph Anton Feuchtmayer** — 1696 Linz - 1770 Mimmenhausen, Bildhauer, Stuckateur
  - ⚭ **Maria Theresia Hollstein** aus Wolfegg
    - **Gervasius 2** — 1723 - 1767, Sekretär von Abt Anselm II.
    - **Gabriel** — 1727, 11 Tage alt
    - **Adele Genoveva** — 1728, 5 Tage alt
    - **Johann Baptist** — 1731-1753, Candidatus Medicinae
    - **Gervasius Christianus** — 1732 - 1733, 1 Jahr alt
    - **Bernhard Gabriel** — 1734

Marion Harder-Merkelbach

Das Geheimnis des Honigschleckers

Joseph Anton Feuchtmayer
Ein Bildhauerleben am Bodensee

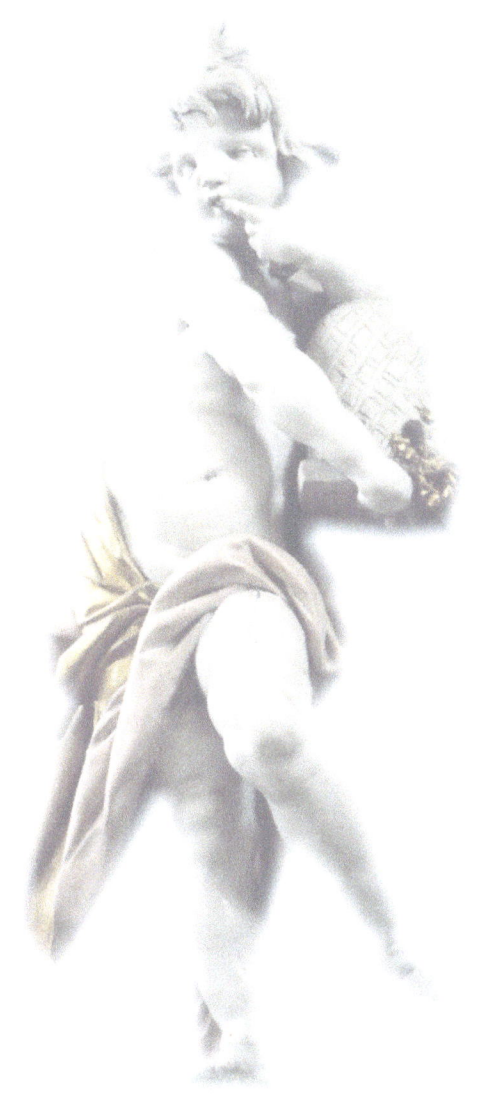

Abbildungen im Vorspann:

Wallfahrtskirche Birnau, Blick zur Galerie

Andrea Pozzo, Der Mahler und Baumeister Perspektiv, Rom 1693/Augsburg 1749, 1. Buch

Marion Harder-Merkelbach, Das Geheimnis des Honigschleckers – Joseph Anton Feuchtmayer,
Ein Bildhauerleben am Bodensee, 1. Auflage Überlingen / Konstanz 2003;
2. überarbeitete Auflage Überlingen 2013

Umschlaggestaltung, Layout: Marion Harder-Merkelbach
Alle Grafikgestaltungen: Marion Harder-Merkelbach

Lektorat: Dorothea Noé-Rumberg, München
Copyright 2003 und für die überarbeitete Auflage 2013: Marion Harder-Merkelbach
Alle Rechte vorbehalten

ISBN 3-00-012559-0

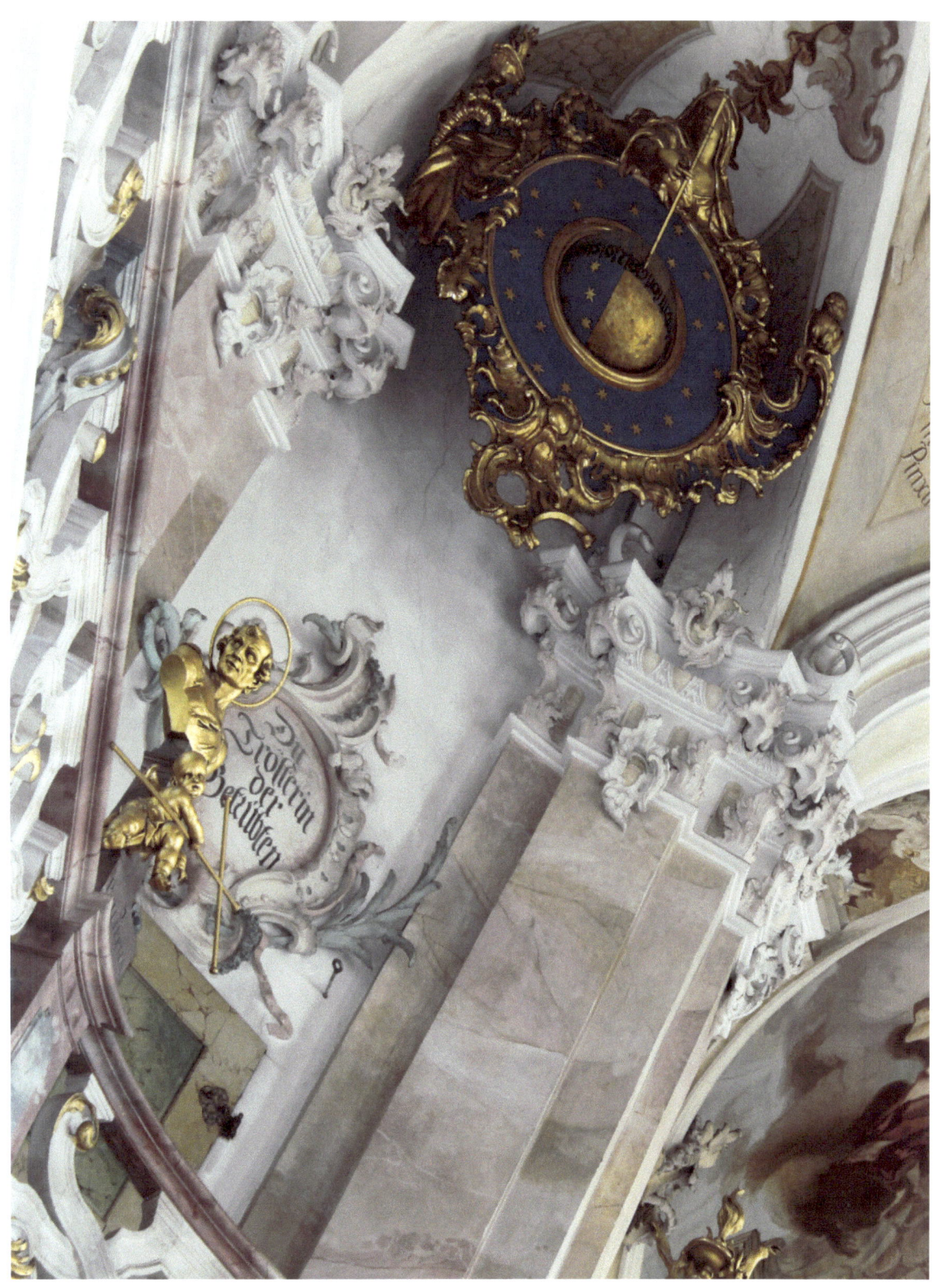

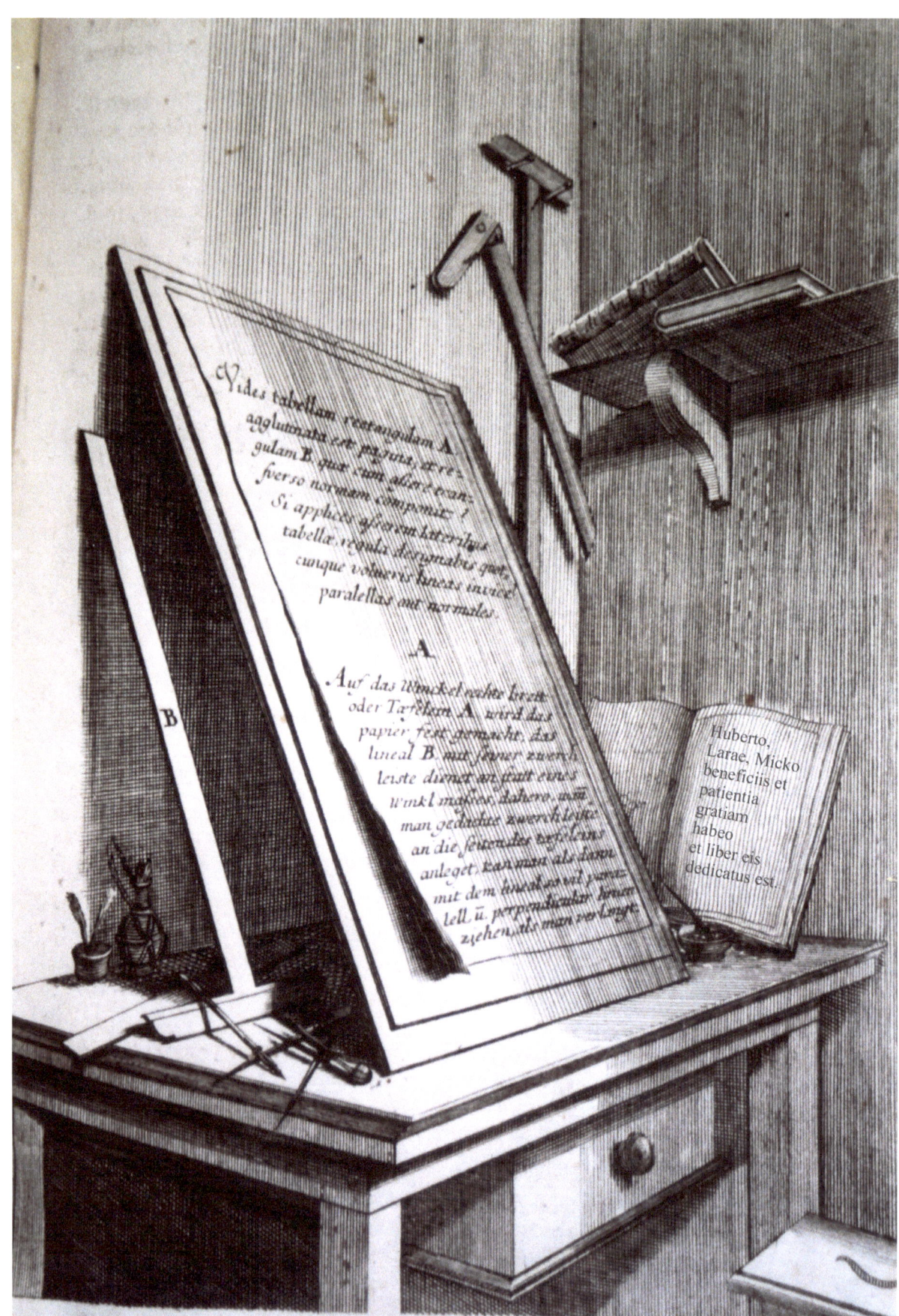

Verehrte Leserinnen und Leser,

Joseph Anton Feuchtmayer gehörte zu den genialen süddeutschen Bildhauern seiner Zeit. Seine berühmte Werkstatt in Salem-Mimmenhausen war ein großes Unternehmen und ein bedeutendes Kunstzentrum, in welchem internationale Strömungen zusammenliefen. Mit Pferd oder Boot reiste der Meister rund um den Bodensee, in den Schwarzwald und in die Schweiz, um seine außergewöhnlichen Entwürfe in Szene zu setzen.

Doch, unter welchen Bedingungen entstanden diese Meisterwerke - der Hochaltar in der Birnau, die Stuckfiguren auf der Insel Mainau, der Wandstuck in der Schlosskapelle in Meersburg? Woher stammen die Inspirationen? Welches Geheimnis bergen der farbig glänzende Stuckmarmor oder die ausdrucksvollen, schneeweißen Stuckfiguren? Wie sahen die Verträge des Künstlers mit seinen geistlichen Arbeitergebern aus, zum Beispiel mit dem bedeutenden, aber knauserigen Reichsabt Anselm II. vom Zisterzienserkloster Salem?

Das Buch soll dem interessierten Leser zur spannenden und informativen Lektüre dienen. Zu bekannten wissenschaftlichen Erkenntnissen werden neue hinzugefügt. Sie bilden die Grundlage für die Erzählung. Wörtliche Zitate aus den erhaltenen Briefen und Verträgen zwischen Feuchtmayer und seinen Arbeitgebern dienen einer lebendigen Gestaltung. Um dem Leser das Einfühlen in die Zeit zu erleichtern, wurden die Ich-Form aus der Sicht der Hauptperson gewählt und die Seiten reich bebildert.

Das Buch zeugt vom Dasein eines Bildhauers, seiner Familie, seiner Werkstattmitarbeiter, seines Mäzens und seines Meisterwerks, eben vom Künstlerleben im 18. Jahrhundert. Der Weg führt von den künstlerischen Voraussetzungen in Wessobrunn und Österreich, dort begleitet von den Stuckateuren aus Italien, an den Bodensee. Hier gelingt dem außergewöhnlichen Künstler, gefördert durch einen herausragenden Abt, sein Meisterwerk: Die Ausstattung der Wallfahrtskirche Birnau.
Die überaus lebendigen Stuckfiguren verneigen sich auch heute noch jährlich vor 300 000 Besuchern und Pilgern, die beim Betreten des Barockjuwels in die Zeit vor 250 Jahren eintauchen.

Beim Erleben der spannenden Welt des Joseph Anton Feuchtmayer wünsche ich Ihnen viel Spaß.

Marion Harder-Merkelbach

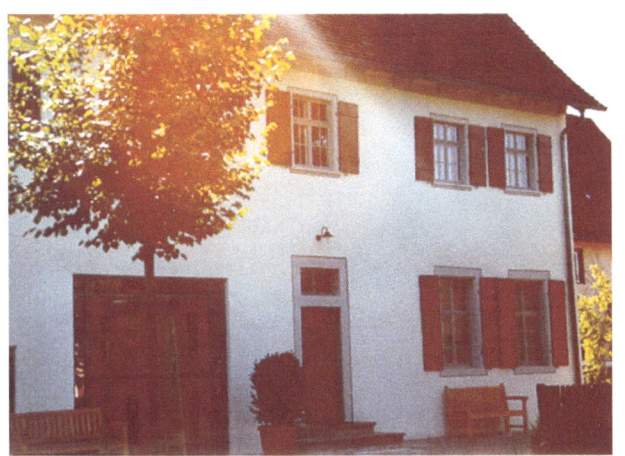

Dieses stattliche Haus in Salem-Mimmenhausen gehörte einst Joseph Anton Feuchtmayer. Die luxuriöse Ausstattung des Hauses umfasste drei Aborte, Täferausstattung in den Stuben, Kachelöfen sowie eine herrschaftliche Enfilade (Zimmerflucht mit Türen in einer Achse). Heute ist hier ein Museum über Feuchtmayer, sein Leben und seine Zeit eingerichtet.

Das Domizil in Mimmenhausen

1730

Als ich im Juni des Jahres 1730 das erste Mal als Hausherr über die Schwelle meines Anwesens in Mimmenhausen trat, war ich 34 Jahre alt. Noch 17 Jahre sollten vergehen, bis ich mein Meisterwerk, die Ausstattung der Wallfahrtskirche Neu-Birnau, in Szene setzen durfte. In den letzten 12 Jahren hatte ich den handwerklichen Betrieb meines Vaters in eine viel beschäftigte Werkstatt für Bildhauer- und Stuckarbeiten ausgebaut. Jetzt benötigten wir Platz für die neun Gesellen, die bei meiner Frau und mir lebten. So erwarb ich nach längeren Verhandlungen das Haus mit dem Obstgarten von meinem wichtigsten Arbeitgeber, dem Kloster Salem. Unser neues Heim entsprach mit seiner luxuriösen Ausstattung und seiner Lage am Ortsausgang, eine viertel Stunde Fußweg vom Kloster entfernt, genau meinen Vorstellungen. Als bekannter Künstler, mit einer der größten Werkstätten weit über die Grenzen der Reichsabtei Salem hinaus, und dank meines Ansehens beim Abt durfte ich mir ein solches Domizil erlauben. Die 650 Florene, die ich dem Kloster zahlen musste, belasteten mich nicht. Bei meinen letzten Aufträgen für Stuckausstattungen und Altäre in den Klosterkirchen von St. Peter im Schwarzwald und in Einsiedeln in der Schweiz hatte ich mehr verdient, als das Haus mich kostete. Von meinem Vater Franz Joseph und von meinem geschäftstüchtigen Stiefgroßvater, dem Schongauer Bildhauer und Bürgermeister Johann Pöllandt, hatte ich einiges an Barvermögen geerbt. Das Erbe des Künstlerbluts, das in meinen Adern fließt, meine Ausbildung, mein Ehrgeiz und das von Gott gegebene Talent bildeten die Voraussetzungen für mein Schaffen. Über all das möchte im Folgenden berichten.

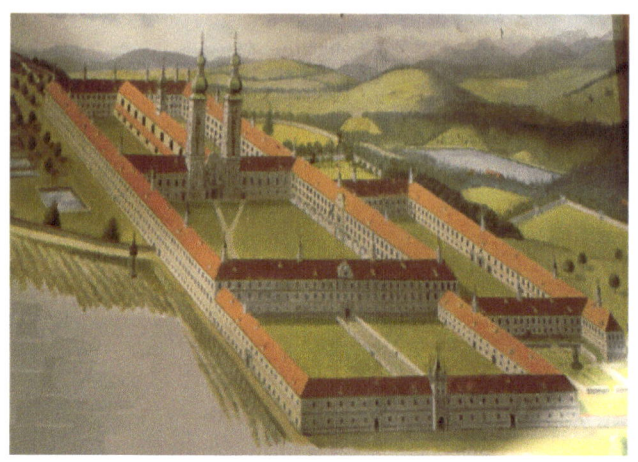

Das Kloster Wessobrunn, errichtet und stuckiert nach Plänen des bedeutenden Wessobrunner Architekten und Stuckateurs Johann Schmuzer, Sohn des Matthias, wurde nach der Säkularisierung zerstört (1810). Nur der Gästetrakt und der spätmittelalterliche Römerturm haben den Abriss überlebt (s.S.3 unten). Stuckateure, Altarbauer und Baumeister aus den beim Kloster gelegenen Orten Gaispoint und Haid (heute Wessobrunn) standen mit ihren Werken für Qualität und Effektivität. Über drei Jahrhunderte hinweg (16.-18. Jh.) schufen die "Wessobrunner" epochemachende Stuckräume und Altäre in Süddeutschland, Österreich und in der Schweiz.

Die Wessobrunner Verwandtschaft

1660-1682

Meinem Vater Franz Joseph Feuchtmayer habe ich viel zu verdanken. Er hat mir den Weg für die Kunst geebnet. Er selbst hat es immer bedauert, als Bildhauer nicht mein Talent zu besitzen, war aber stolz darauf, meine Begabung fördern zu können. Franz Joseph wuchs im Umfeld der berühmten Architekten und Stuckateure aus dem Reichsgebiet der Benediktinerabtei Wessobrunn auf. Sein Vater Michael Feuchtmayer war dort als Klosterschreiber tätig. Er starb, als Franz Joseph sechs Jahre alt war. Franz Josephs Mutter Maria, meine Großmutter, war die Tochter des Wessobrunner Stuckateurs Matthias Schmuzer. Dieser kümmerte sich nach dem Tod seines Schwiegersohns um eine erneute Vermählung seiner damals 35jährigen Tochter. Ein Jahr später hatte er Johann Pöllandt aus Rottenbuch als Ehegatten für sie ausgesucht. Pöllandt war ein rechtschaffender, tüchtiger und intelligenter Bildhauer. Er konnte seinem Stiefsohn, meinem Vater, eine gute Ausbildung zukommen lassen und Maria versorgen. Tatsächlich hätte es meine Großmutter, wie sich zukünftig herausstellen sollte, an Wohlstand und Ansehen kaum besser treffen können. Denn Johann Pöllandt ließ sich mit ihr und den Kindern als Bildhauer in Schongau nieder und wurde später sogar zum Bürgermeister der Stadt gewählt.

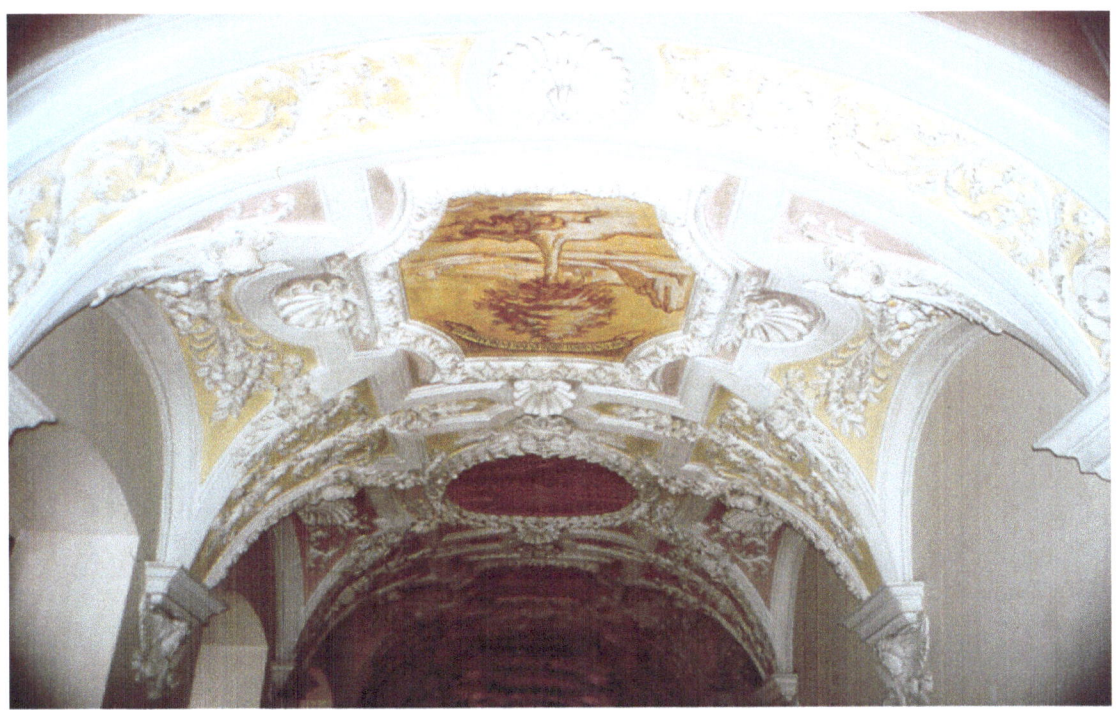

Stuckaturen von Johann Schmuzer im Gästetrakt des Benediktinerklosters Wessobrunn. Unten: Römerturm und Gästetrakt.

Wie geplant, erhielt mein Vater von seinem Stiefvater Pöllandt die erste Ausbildung. Aber auch sein Großvater Matthias Schmuzer und dessen Sohn, der berühmte Stuckateur und Architekt Johann Schmuzer, nahmen sich seiner an. Zuweilen arbeiteten Johann Schmuzer und Johann Pöllandt gemeinsam auf einer Baustelle, so bei der Errichtung den Wallfahrtskirchen St. Coloman in Schwangau bei Füssen und St. Ilgen bei Schongau. Mein Vater durfte als Lehrjunge von ungefähr 15 Jahren mit dem Handwerker-Trupp der Werkstätten mitreisen. Er hatte in dieser Zeit die Möglichkeit, Einblicke in das Stuckatoren-Handwerk, in die Holzbildhauerei, in den Altarbau und in die Baumeisterei zu erhalten.

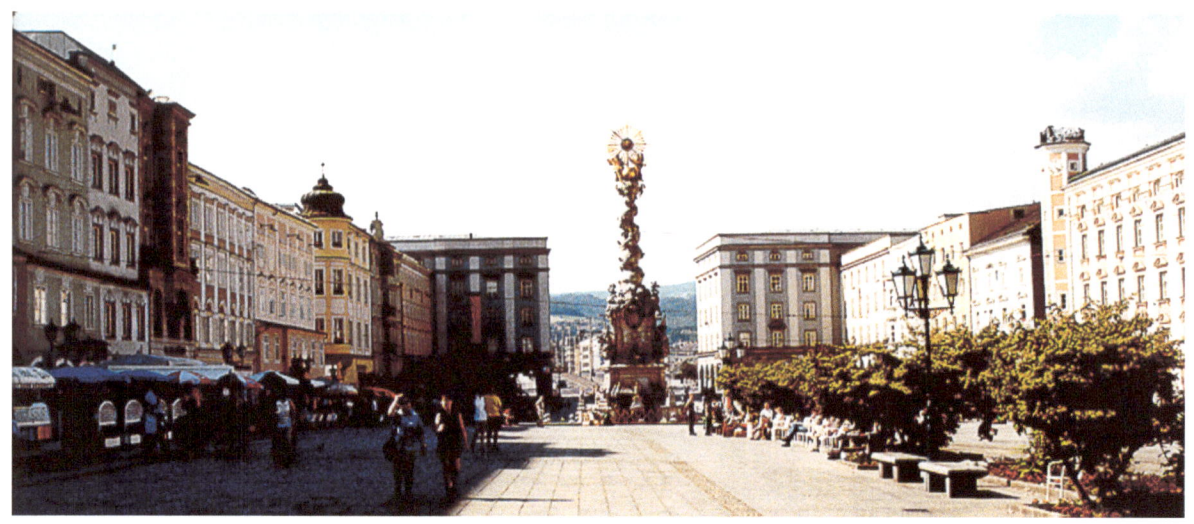

Linz mit der Dreifaltigkeitssäule. Die Säule wurde aus Dankbarkeit für die Errettung aus Kriegsgefahren, die Befreiung von der Pest sowie für die Bewahrung vor einer Feuersbrunst erbaut.

Oberösterreich und die italienischen Künstler

1682

Als Franz Joseph ungefähr 22 Jahre alt war, kam die Zeit, sich selbständig zu machen. In der Umgebung von Schongau, Augsburg, Landshut und München hatten sich schon zahlreiche bedeutende Stuckatoren-Werkstätten aus Gaispoint und Haid (heute Wessobrunn) niedergelassen. Der Markt war gesättigt. Und schließlich wollte und sollte man als Wessobrunner nicht in Konkurrenz zueinander treten. So begab sich mein Vater als Wanderkünstler nach Oberösterreich. Wie sich bald herausstellen sollte, bedeutete der Ortswechsel eine äußerst günstige Fügung für Franz Joseph und später auch für mich. Denn auf den Klosterbaustellen in der Umgebung von Linz traf er auf die berühmten italienischen Stuckateure vom Comer See. Dazu gleich mehr, denn zuvor mussten noch die Strapazen der beschwerlichen Reise nach Linz bewältigt werden. Jede Wanderschaft birgt für uns zahlreiche Aufregungen, Abenteuer und Gefahren. Daher ein paar Worte über die Route von Schongau nach Linz.

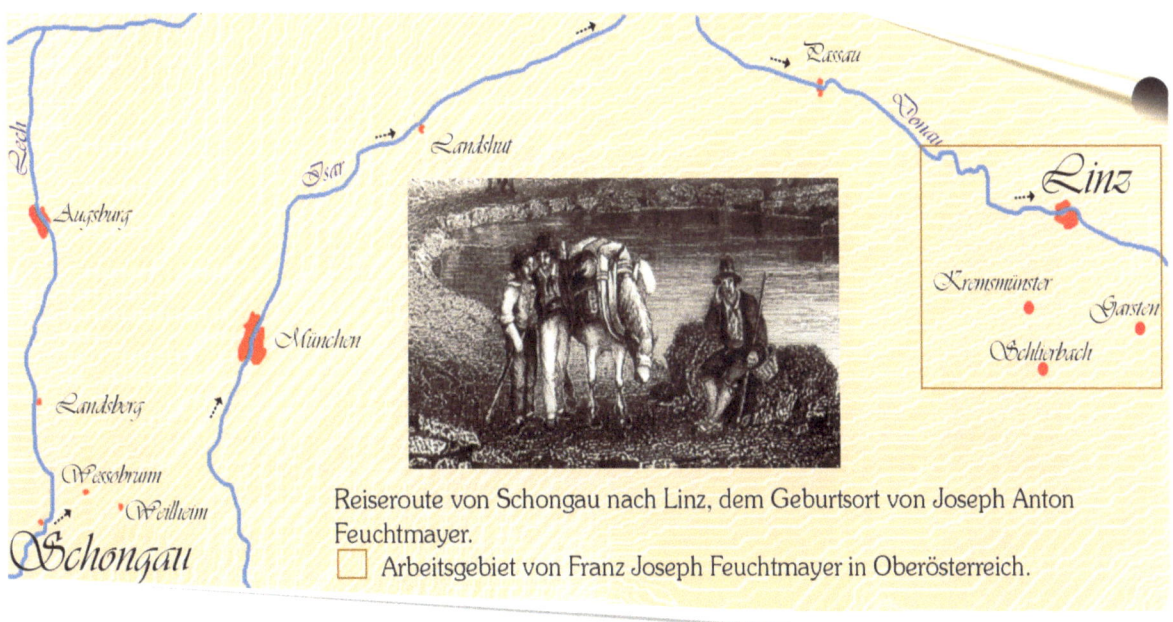

Reiseroute von Schongau nach Linz, dem Geburtsort von Joseph Anton Feuchtmayer.
☐ Arbeitsgebiet von Franz Joseph Feuchtmayer in Oberösterreich.

Die Reise nach Linz

Die Reise von Schongau nach Linz dauert ungefähr drei bis sechs Wochen. Sie führt nach München, von dort aus entlang der Isar über Landshut donauabwärts von Passau nach Linz. Entlang der Flüsse hat man immer wieder die Möglichkeit, die langen mühsamen Wanderungen zu unterbrechen und die Route auf dem weitaus bequemeren Wasserweg fortzusetzen. An den Floßanlegestellen drängeln sich die zahlreichen Wandernden. Das treibt die Preise in die Höhe. Doch bei allzu großer Erschöpfung gibt man gern ein paar Kreuzer, wenn ein Flößer sich dafür erbarmt, einen mitzunehmen. Die Fußwege sind unbequemer und gefährlicher. Selbst als mittellose Gesellen, bestückt mit den Kleidern am Leib und einem kleinen Bündel, wurden wir von Wegelagerern bedroht. Hat man einmal alles verloren, lernt man sich zu verteidigen und schlägt die Ganoven, zur Not mit dem Schnitzmesser, in die Flucht. Unterwegs besteht immer wieder die Möglichkeit durch Hilfsarbeiten eine Mahlzeit oder ein paar Kreuzer zu verdienen, um dann den Weg fortzusetzen. Die Nächte verbringt man als Wanderkünstler entweder auf dem Boden in Wirtshäusern oder, je nach Wetterlage und Jahreszeit, im Freien unter einem Baum. Zuweilen rastet man auch bei örtlich niedergelassenen Meistern aus unserer Heimat Wessobrunn.

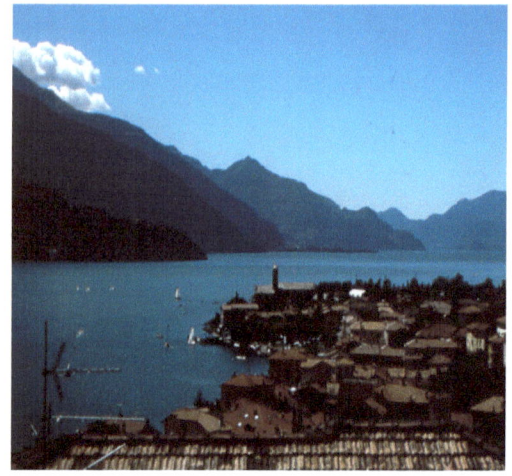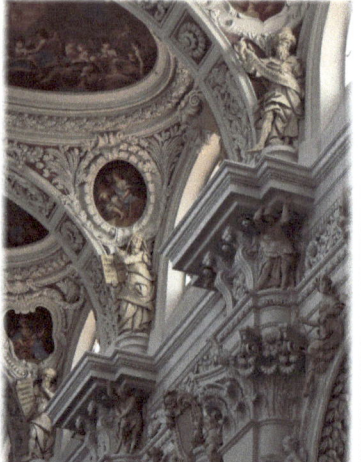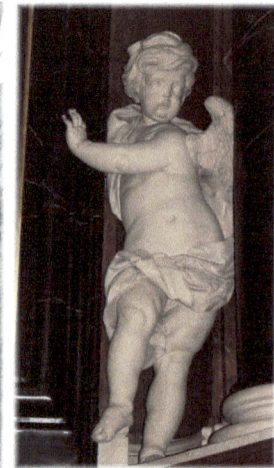

Die Stuckateure und Architekten der Familie Carlone vom Comer See waren die bedeutenden Lehrmeister der Familie Feuchtmayer. Die Wintermonate verbrachten die Italiener in Ihrer Heimat. Die zahlreichen Stuckfiguren im Passauer Dom entstanden unter der Leitung von Giovanni Battista Carlone, darunter auch der ältere Bruder vom Birnauer Honigschlecker.

Die Stuckteure vom Comer See

In Linz eingetroffen erfasste meinen Vater der Strom der italienischen Kunst. Er begegnete der bedeutenden Künstler-Familie Carlone aus Norditalien. Ähnlich wie wir Wessobrunner waren sie schon seit Generationen als Architekten und Stuckateure tätig. Sie stammen aus dem Intelvi Tal am Comer See. Als innovative Arbeitskräfte mit engen Bindungen nach Rom und damit zur Kunst der Päpste wurden sie zu Höchstpreisen in den Norden geholt und standen in den Diensten bedeutender kirchlicher Herren. Als Konkurrenz wurden sie von den einheimischen Künstlern gefürchtet und beschimpft. Seit dem Ende des letzten Jahrhunderts arbeiteten sie vorwiegend im Bistum Passau. Das Bistum Passau umfasste den oberösterreichischen Raum. Die Werkstätten der Carlone-Sippe arbeiteten gleichzeitig auf mehreren Baustellen. Wie wir Wessobrunner reisten auch sie im November nach Hause, um im Februar oder März zu den Baustellen zurückzukehren. Erschien uns die Reise von Linz nach Schongau schon beschwerlich, so standen die Italiener jährlich weit größeren Herausforderungen gegenüber: den Naturgewalten der Alpen.

Beschwerliche Wege über die Alpenpässe, San Bernardino, Splügen, Septimer, Brenner...

Stammbaum der Familie Carlone

Pietro Francesco
Scaria ca.1606 - Judenburg 1681

Carlo Antonio
Scaria ca. 1635 - Passau 1708

Giovanni Battista
Scaria ca. 1642 - 1721

Diego Fancesco
1674-1750

Carlo Innocenzo
1678 - 1775

Mein späterer Lehrer Diego Francesco Carlone erzählte mir oft in fast perfektem Deutsch mit wohlklingendem italienischem Akzent, welch Herausforderung die Reise über die verschneiten Alpen jedes Jahr bedeutete. Der reichliche Schneefall, die eisige Kälte, Winterstürme fordern den gesamten Körper. Hinzu kommen die schwindelerregenden Schluchten, die reisenden Bäche, die zu Fuß oder mit dem Pferd auch bei Glatteis zu überwinden sind. Neben den körperlichen Kräften muss man allen Mut zusammenreißen. Oft sind es nur der Glaube und die Sehnsucht nach der so lange vermissten Heimat, nach den zu Hause wartenden Frauen und Kindern - Diego Carlone hatte fünf davon - welche die reisenden Künstler alle Launen und Gewalten der Natur überwinden lassen.

In Linz und in den Klöstern von Garsten, Kremsmünster, Schlierbach und an anderen Orten arbeitete mein Vater über mehr als zwei Jahrzehnte mit dem Architekten und Altarbauer Carlo Antonio Carlone zusammen. Nach den Entwürfen des Italieners erstellte er die Seitenaltäre in der Klosterkirche vom Benediktiner Stift Garsten bei Steyr. Wenn man auf einer Baustelle mit Carlo Antonio arbeitete, waren mindestens zwei weitere Werkstätten aus dem Carlone-Clan am gleichen Ort beschäftigt.

In Garsten hatte mein Vater das Glück, dem bedeutenden Stuckateur Giovanni Battista, Carlo Antonios Bruder, und dessen Werkstatt zu begegnen. So lernte er schon früh die berühmten lebensgroßen Stuckfiguren des Italieners kennen, die hier, wie auch im Dom zu Passau, als Atlanten die schweren umlaufenden Kirchengesimse stützen.

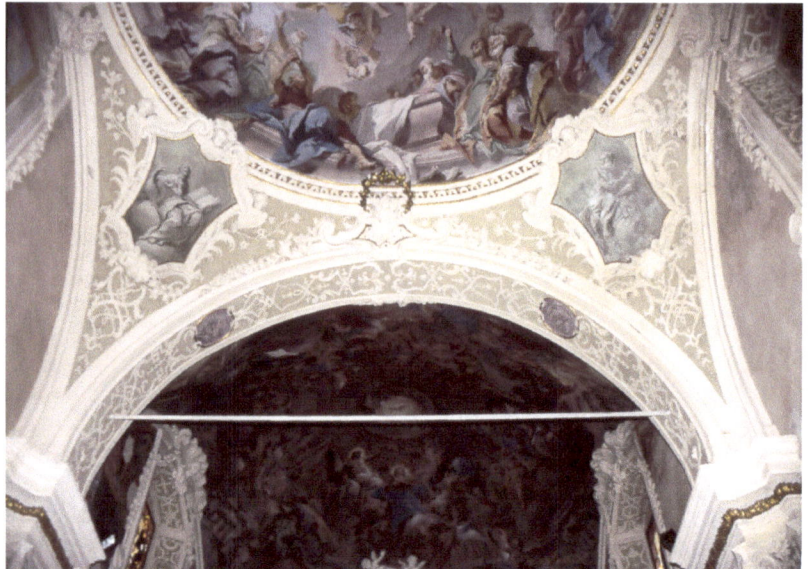 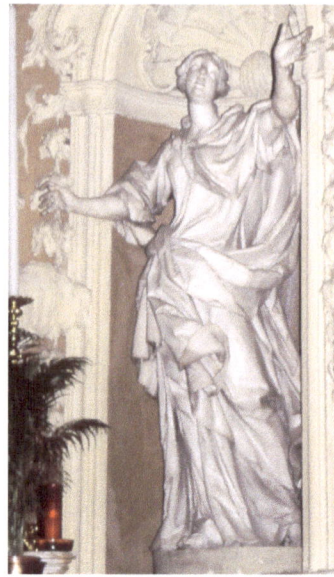

In den Wintermonaten arbeiteten die Söhne von Giovanni Battista, der Stuckateur Diego F. und der Maler Carlo Innocenzo, umsonst an der Ausstattung der Pfarrkirche in ihrem Heimatort Scaria. Pfarrkirche Scaria, Comer See: Stuckaturen und Deckenmalereien

Mein Vater war schon damals tief beeindruckt und nutzte die Gelegenheit, deren Anfertigung genau zu studieren. Denn lebensgroße Stuckfiguren herstellen, das konnten die Wessobrunner noch nicht.

1696

Noch 20 Jahre musste Franz Joseph warten, bis er seine Erfahrungen in einem großen Auftrag für Stuckfiguren umsetzen durfte. Bis dahin war er in Linz und den umgebenden Klöstern hauptsächlich für Holz- und Steinbildhauerarbeiten zuständig. Seine Werkstatt umfasste zwei bis drei Gesellen und je nach Auftrag kamen einige Handlanger hinzu. Auf einer seiner Heimreisen nach Schongau hat mein Vater Maria Salome Burgauer kennengelernt und bald darauf geheiratet. Meine Mutter zog mit ihm nach Linz. Als mein Vater dabei war, an einem großen Auftrag für die Altarfiguren in der Stiftskirche des Klosters Seitenstetten in Niederösterreich zu arbeiten, erblickte ich im Jahre 1696 in Linz das Licht der Welt. Mein Bruder Gervasius wurde ein Jahr später geboren. Im selben Jahr erlitt, viele Reisetage von Linz entfernt, die Zisterzienserabtei Salem ein verheerendes Schicksal...

Das Zisterzienserkloster Salem

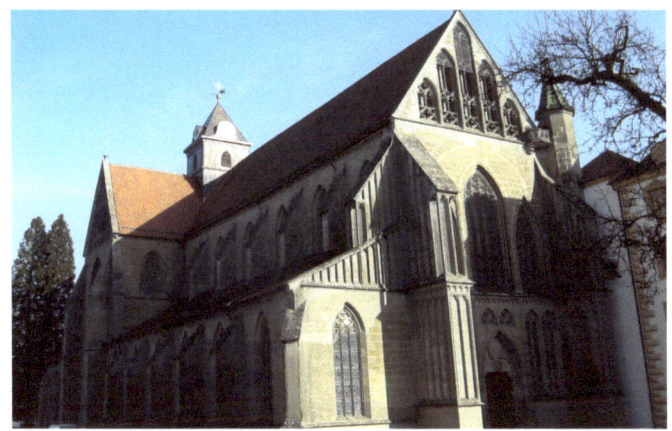

Salems gotische Klosterkirche überstand den Brand von 1697 nahezu unversehrt. Die schlichten, schmucklosen Formen mit der turmlosen Fassade spiegeln den Geist der Armut und der Askese der mittelalterlichen Zisterzienser wieder.

1697

Die Reichsabtei Salem war nach dem gnadenlosen Brand im Jahre 1697 dem Boden gleichgemacht worden. Nach mehrjähriger Bauzeit hatte der Architekt Franz Beer von Blaichten aus dem Bregenzer Wald mit seiner Werkstatt den riesigen Komplex soweit wiederhergestellt, dass mit den Ausstattungsarbeiten begonnen werden konnte. Abt Stephan Jung war derzeit Vorsteher des Klosters. Es zeichnete sich ab, dass die Werkstatt der Schmuzer, "die Wessobrunner", die neuen Klostergebäude ausstuckieren sollte. Die Schmuzer waren seit einiger Zeit im Bodenseeraum tätig. So in der zum Kloster Weingarten gehörenden Propstei Hofen (Friedrichshafen) und in der Reichsstadt Überlingen.

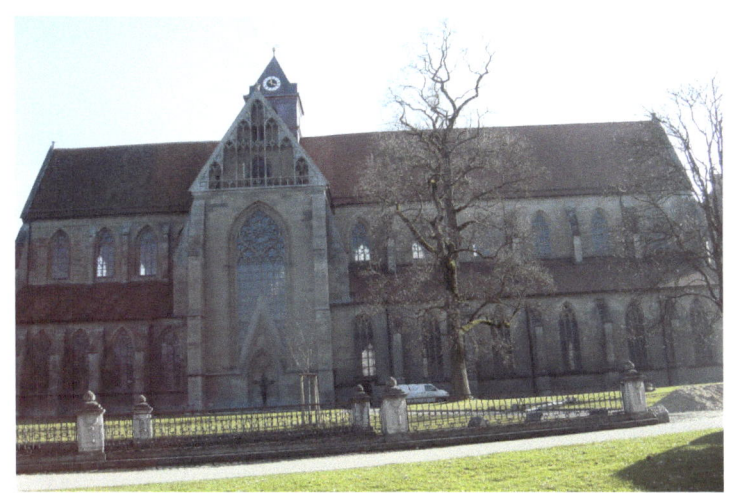
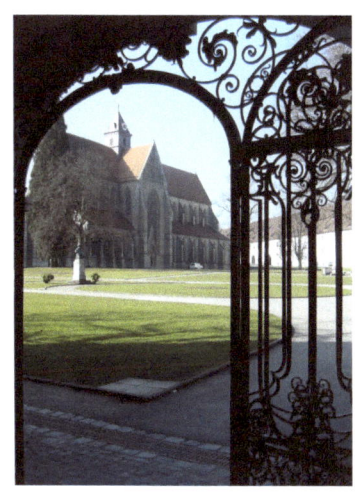

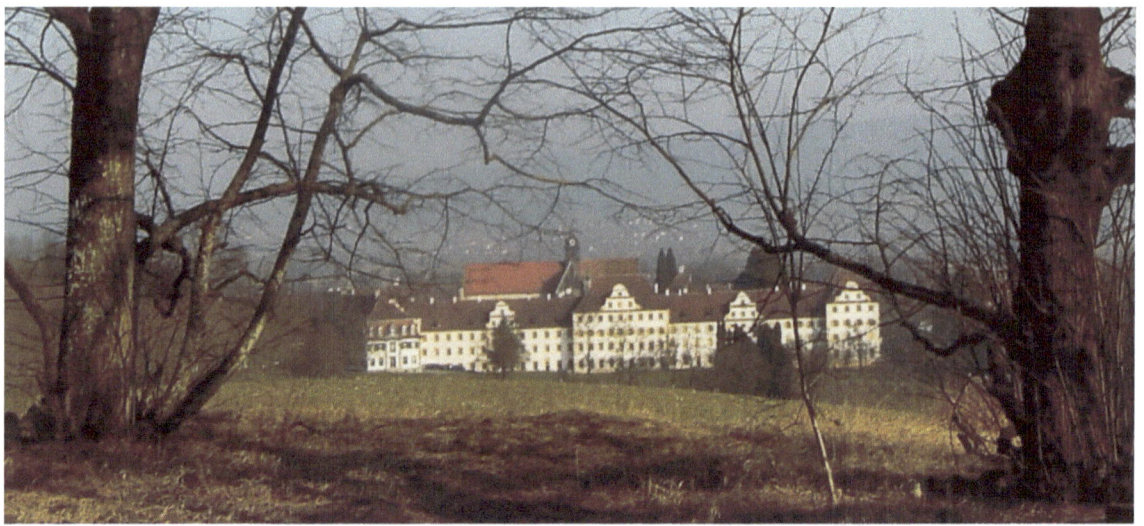
Zisterzienserkloster Salem

1706

Durch die jährlichen Heimfahrten meines Vaters blieb der Kontakt nach Wessobrunn und zu Johann Schmuzer sowie dessen inzwischen ebenfalls zu Stuckateuren herangewachsenen Söhnen Franz und Joseph erhalten. Diese Verbindung sollte unsere weitere Zukunft bestimmen. Als es um die Vergabe der Aufträge für die Stein- und Holzbildhauerarbeiten der Salemer Klostergebäude ging, empfahlen die Schmuzer Abt Stephan, meinen Vater und seine Werkstatt nach Salem zu holen. Denn kaum ein Wessobrunner konnte an die Erfahrungen heranreichen, die mein Vater in den letzten 20 Jahren in Oberösterreich als Bildhauer und Altarbauer in Zusammenarbeit mit der Carlone-Sippe gesammelt hatte. Hinzu kam, dass Franz Joseph, und das war Abt Stephan besonders angenehm, vergleichsweise preiswert zu haben war.

Für unsere Familie begann ein neuer Lebensabschnitt. Nach über 20 Jahren Linz zogen wir zunächst nach Schongau und lebten bei meinem Stiefgroßvater Johann Pöllandt. Ich war inzwischen 10 Jahre alt. Mein Vater hatte die Meistergerechtigkeit von Schongau erworben, arbeitete und logierte aber den Sommer über im Kloster Salem am Bodensee. Immer mehr Aufträge, auch für ornamentale Stuckarbeiten wurden ihm dort übertragen.

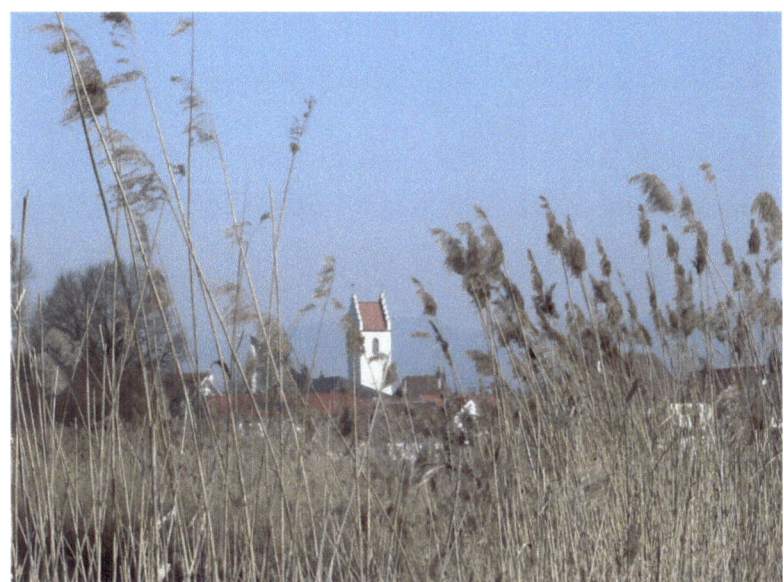

Mimmenhausen gehörte zu Feuchtmayers Zeiten in das Herrschaftsgebiet von Kloster Salem und war, vergleichbar mit einer Stadt, belebt und wohlhabend. Nur eine viertel Stunde Fußweg von der Abtei entfernt, ließen sich hier zahlreiche Handwerker und Kunsthandwerker mit der Aussicht auf Aufträge vom Kloster nieder.

1707

Eines Tages kam Franz Joseph mit froher Botschaft aus Salem heimgereist. Er verkündete mit stolz geschwellter Brust, er habe die Ehre mit seiner Werkstatt den Kaisersaal der Zisterzienserabtei Salem auszustuckieren und zwar mit lebensgroßen Stuckfiguren. Der Vertrag sei bereits unterschrieben. Ein Traum wurde für ihn wahr. Da Franz Joseph nun das Kloster langfristig als Hauptarbeitgeber ansehen durfte, zogen wir nach Mimmenhausen, dem beim Kloster gelegenen Ort. Mein Vater hatte zu dieser Zeit einen Gesellen und einen Lehrjungen. Sein Stiefvater Johann Pöllandt kam vorübergehend zur handwerklichen Unterstützung mit nach Mimmenhausen. Die vier schufteten fort an von morgens früh bis abends spät, wenn nötig bei Kerzenlicht, an der Herstellung der Stuckarbeiten.

Wir schrieben den 29. August des Jahres 1708 als Franz Joseph mit 300 fl und ein paar Wildhäuten nach Hause kam. Dies war der Lohn für die 16 überlebensgroßen Kaiserfiguren, die 14 Brustbilder der Päpste, für über 60 Engel und zahlreiche weitere Stuckarbeiten. Die Italiener hätten ob dieses Betrags nur gelächelt. Doch wir konnten davon wieder eine Weile ohne Sorgen leben, essen, trinken und das genügte uns. Zusätzlich hatte sich mein Vater Ruhm und Ehre verdient. Der Kaisersaal ist das Meisterwerk von Franz Joseph geworden.

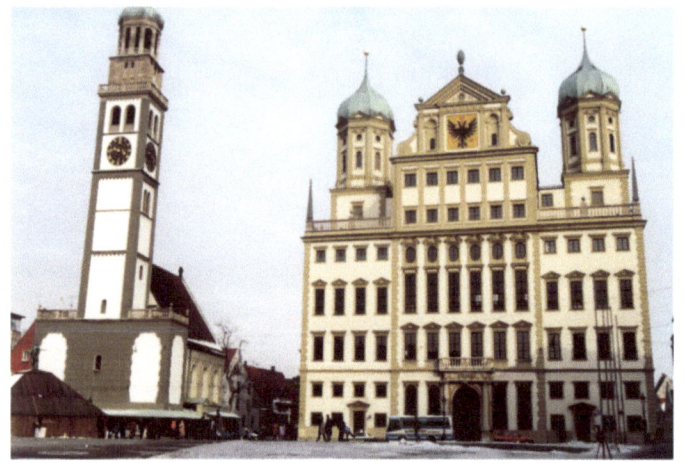

Augsburg gehörte im 18. Jahrhundert zu den bedeutendsten Geld-, Börsen- und Kunststätten Deutschlands. Das Gold- und Silberschmiedengewerbe erlangte damals Weltruhm. Berühmt war auch die Produktion der Kupferstiche und Radierungen. Die bedeutende Kunstakademie wurde von Joachim von Sandrart im 17. Jahrhundert gegründet.

1714

Bald begleiteten mein Bruder und ich meinen Vater zu seinem Arbeitsplatz ins Kloster. Die Handwerker hatten ihre Werkstätten in den Wirtschaftsgebäuden. Gervasius und ich waren zunächst für die Handlanger- und Zuträgerarbeiten zuständig, bekamen dann ein Schnitzmesser in die Hand und durften mit diesem unter Anleitung des Vaters die ersten groben Strukturen eines Körpers oder eines Kopfes aus dem Holz herausarbeiten. Wir lernten das Meißeln aus Stein und das Herstellen und Modellieren von Stuck. Nebenher brachte Franz Joseph uns Lesen, Schreiben und Rechnen bei. Als ich 18 Jahre alt war, erhielten Gervasius und ich den ersten Lohn vom Kloster. Ich erinnere mich genau: Es waren für jeden von uns 8 fl und 20 Kreuzer. Hierfür hatten wir meinem Vater beim Schnitzen von vier Eichenstatuen geholfen. Mit dem ersten Lohn waren die Lehrjahre abgeschlossen.

Mein Vater schickte mich im selben Jahr in die Kunst- und Verlagsmetropole Augsburg. Ich besuchte die "Reichsstädtische Kunstakademie", die erst vier Jahre vor meiner Ankunft allen Bürgern zugänglich gemacht worden war. Zu den wichtigsten Dingen, die ich dort lernte, gehörte das akademische Zeichnen, die Grundlage ein jeder Kunst. Immer wieder unterbrach ich meine Studien in Augsburg, um meinem Vater bei seinem nächsten großen Auftrag, der skulpturalen und ornamentalen Ausstattung der Dreifaltigkeitsorgel im Salemer Münster zu helfen (Orgelprospekt 1771 durch Neubau von Johann Georg Dirr ersetzt). Nach Fertigstellung der Arbeiten überbrachte mir ein klösterlicher Bote den Lohn nach Augsburg.

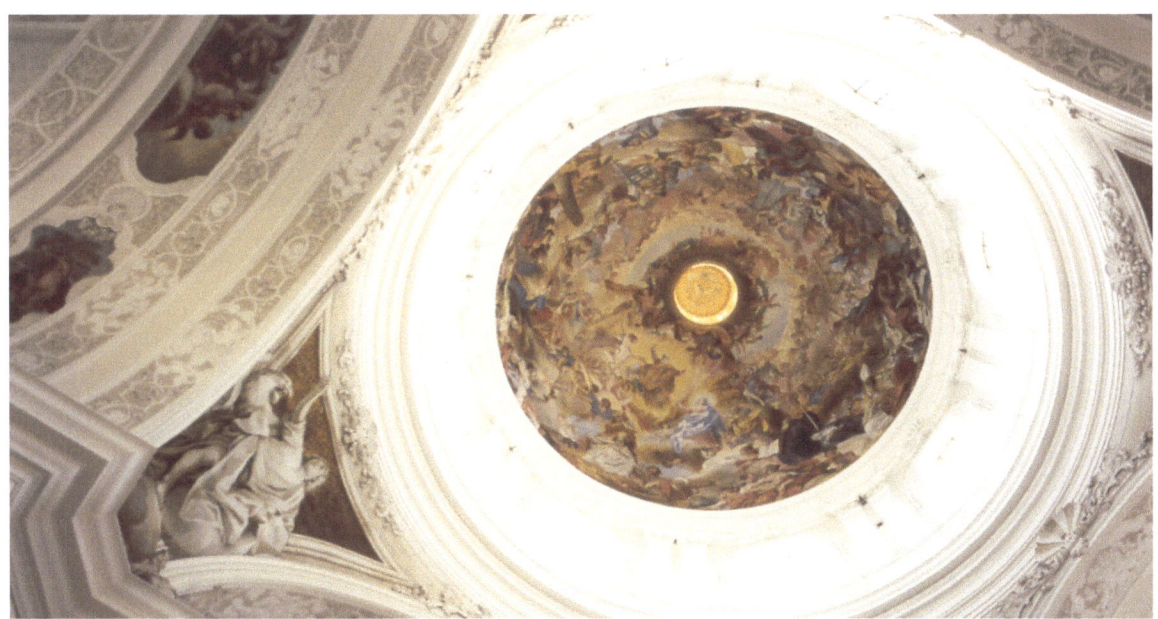

Zahlreiche Baumeister und Architekten wirkten an der Entstehung der barocken Basilika in Weingarten (1715-1724) mit, unter anderem auch der Architekt der Salemer Abteigebäude, Franz Beer. Die Kuppel über den mächtigen Vierungspfeilern wurde nach dem Vorbild von St. Peter in Rom errichtet.

1716

Nach Beendigung der Arbeiten an der Dreifaltigkeitsorgel im Salemer Münster erhielt mein Vater im Jahre 1716, erneut durch die Vermittlung seines Vetters Franz Schmuzer, einen Auftrag an einer überaus bedeutenden Baustelle: In Weingarten entstand die Klosterkirche der Benediktinerabtei als Prachtbau - in Nachahmung von St. Peter in Rom - der an Größe alles übertraf, was ich bisher gesehen hatte. Ich verließ Augsburg und durfte als Geselle meinen Vater dorthin begleiten. Auch hier in Weingarten war ein Italiener vom Comer See künstlerischer Berater: Maestro Donato Frisoni, eigentlich Direktor der Baustelle des Ludwigsburger Schlosses, lieferte die Entwürfe für die Innenaustattung und damit auch für das neue Chorgestühl. Mein Vater bekam den Auftrag für die Anfertigung der ornamentalen Holzarbeiten an der Rückwand des Gestühls. Franz Schmuzer stuckierte mit seiner über zehn Mann starken Werkstatt die Basilika und baute mehrere Seitenaltäre. Gleichzeitig arbeitete der berühmte Cosmas Damian Asam mit seiner Werkstatt an der Ausmalung der Kirche. Auf dieser Baustelle drang ich für die nächsten Jahre in die Atmosphäre der internationalen Kunst ein.

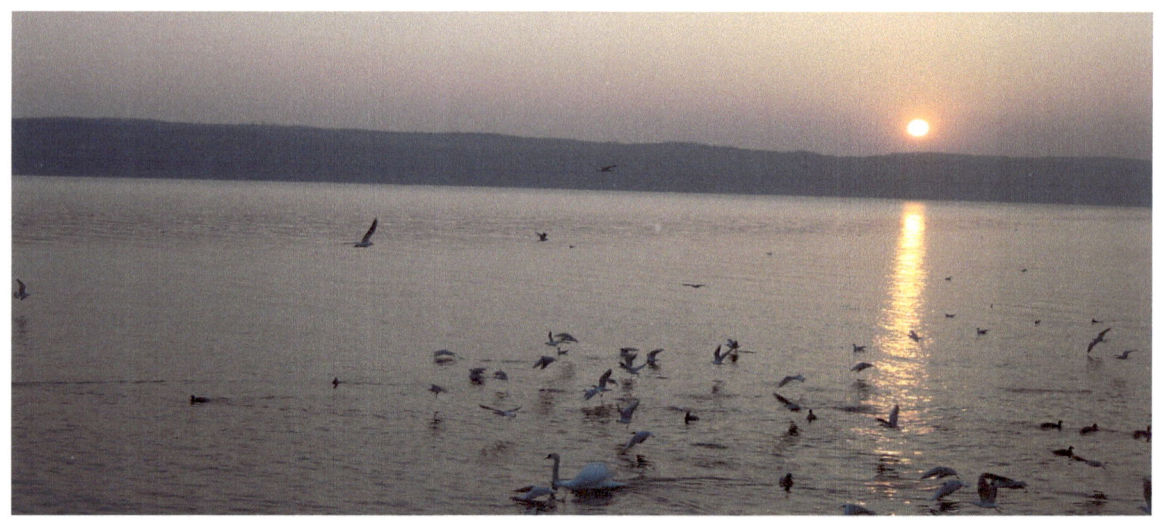

1718

Mimmenhausen, Weihnachten 1718: Es war kalt, unfreundlich und traurig. Der Ort und die Abtei waren in dichten Schnee gebettet. Unsere Arbeiten in Weingarten ruhten schon seit einiger Zeit ob der klirrenden Kälte. Mein Vater war sehr krank. Die Kälte und Feuchtigkeit ließen ihn auf seinem Lager zittern, schütteln und husten. Im Jahr zuvor war er, nach dem Tod unserer geliebten Mutter, auf sein inständiges Bitten als Pfründner vom Kloster angenommen worden. Er wurde vom Abt als würdig angesehen, dieses Kirchenamt zu bekleiden und bekam dafür Kost, Kleidung und andere, seinem Stand entsprechende Dinge, gestellt. Mein Bruder war als Frater Gervasius in die Zisterzienserabtei eingetreten. Täglich beteten wir für den Vater - jedoch vergeblich. Am 25. Dezember 1718 schlief Franz Joseph Feuchtmayer für immer ein. Mit 22 Jahren fiel mir das Werkstatterbe und damit die Meistergerechtigkeit meines Vater in Schongau zu. Doch was bedeutete diese Meistergerechtigkeit für meine Zukunft? Sollte ich mich den strengen Reglementierungen der Schongauer Bildhauerzunft unterwerfen? Wie würde sich bei einem Umzug die Auftragslage in Schongau gestalten ? Und was bedeutete das Dasein am Bodensee für mein weiteres Leben? Die Ausstattung der Reichsabtei Salem war noch lange nicht abgeschlossen. Ein gebildeter, kunstsinniger und mir wohl gesonnener Abt stand dem Kloster vor, in dem auch mein Bruder lebte. Die Zeichen für weitere Aufträge standen gut. Die Reichsabtei Salem lagt in zunftfreiem Gebiet. Hier war ich mein eigener Herr, war frei und durfte so viele Gesellen halten, wie ich benötigte. Ich schlug das Erbe der Meistergerechtigkeit von Schongau aus.

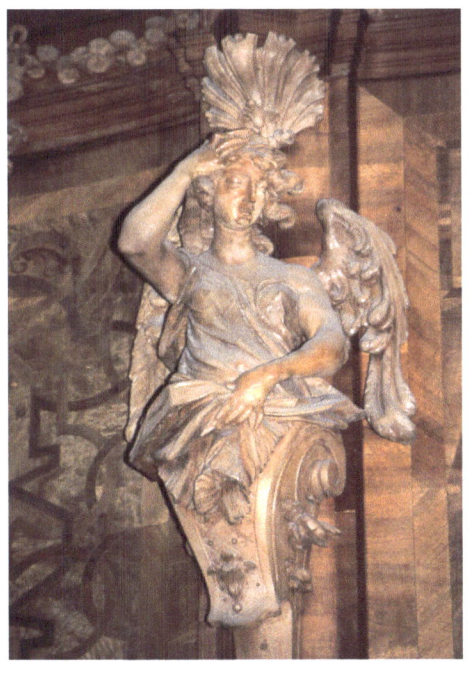 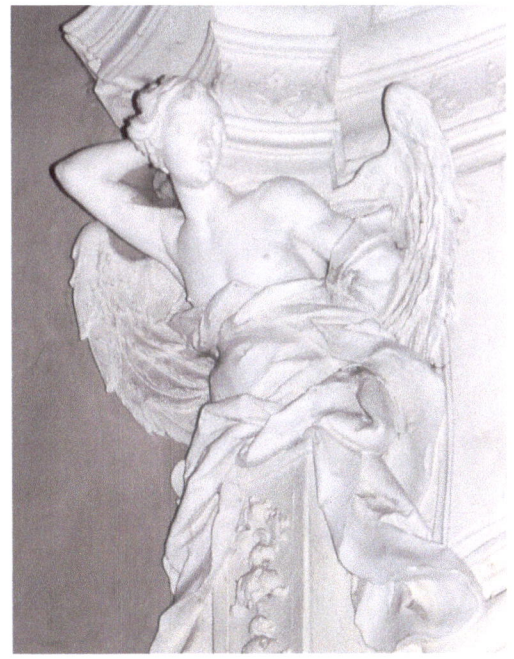

An dem Auftrag für den figürlichen Schmuck des Weingartener Chorgestühls arbeitete Feuchtmayer mit drei Gesellen. Für die Engelhermen an der Rückwand (li.) übernam er einen Typus den D.F. Carlone in seinen Stuckarbeiten immer wieder verarbeitet, u.a. in der Pfarrkirche in seinem Heimatort Scaria (re.).

1720

Am 19. Januar 1720, ein Jahr nach dem Tod meines Vaters, unterschrieb ich meinen ersten großen Vertrag als Werkstattinhaber: Nach dem Entwurf des künstlerischen Beraters Frisoni setzte ich die Arbeit meines Vaters am Chorgestühl von Weingarten fort. Doch hatte Franz Joseph hauptsächlich die ornamentalen Holzarbeiten ausgeführt, so schnitzte ich mit meinen drei Gesellen den gesamten figürlichen Schmuck des Gestühls, von den Engeln bis zu den lebensgroßen Holzskulpturen. Über 500 fl erhielt ich für diesen Auftrag. Die Arbeit in Weingarten brachte mir nicht nur Geld und Ruhm sondern auch einen neuen Lehrer, den ich bewunderte und der mein Schaffen nachhaltig beeinflusste: Diego Francesco Carlone vom Comer See, der Sohn des Stuckateurs Giovanni Battista Carlone, mit dem mein Vater in Garsten zusammen gearbeitet hatte. Maestro Diego war für seine weißen Skulpturen aus glänzendem Stuck berühmt. Kunstberater Donato Frisoni brachte ihn mit zahlreichen weiteren Comasker Verwandten von Ludwigsburg mit nach Weingarten. Meinem Vater hatte ich es zu verdanken, dass sich der große Meister meiner annehmen sollte.

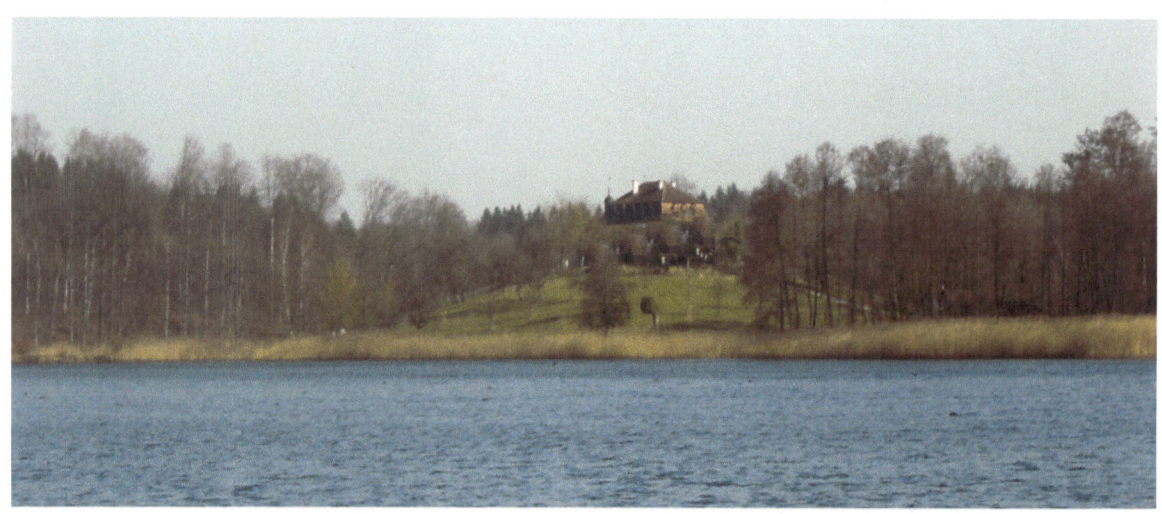

1721

Den Lohn für die Arbeiten am Chorgestühl in Weingarten erhielt ich bis im August des folgenden Jahres. Mit diesem Geld erfüllte ich mir einen Traum: Schon seit mehreren Jahren ritt ich auf dem Weg von Mühlhofen nach Mimmenhausen, an der kleinen Insel im Killenweiher vorbei. Die Insel liegt auf klösterlichem Gebiet. Jedesmal wenn ich bei Joseph Junker, dem auf der Insel wohnenden Fischermeister, für meine Familie Forellen holte, umgab mich eine seltsame Stille. Diese Insel zu bewohnen, inmitten von Schwänen, Enten, Vögeln, Fischen, mit der eigenen Kapelle und damit Johannes dem Täufer und Gott nahe - das war eine Audienz bei Abt Stephan von Salem wert. Ich konnte es mir erlauben, dem Abt mein Anliegen vorzutragen. Denn Abt Stephan schätzte meine Familie und meine Kunst. Im nächsten Jahr wollte ich die ehrenwerte Jungfrau Maria Theresia Hollstein heiraten. Die gesellschaftlichen Ansprüche auf ein geordnetes Eheleben waren damit erfüllt. Meine finanzielle Lage war ansehnlich. Schon zwei Jahre zuvor hatte ich für die Arbeiten an der Liebfrauenorgel im Salemer Münster 400 fl verdient (Prospekt 1767/68 zerstört worden). Jetzt kam noch der Lohn für die Schnitzarbeiten am Chorgestühl in Weingarten hinzu. Außerdem hatte unser Stiefgroßvater Johann Pöllandt meinem Bruder und mir sein Haus in Schongau hinterlassen, welches ich gerade verkauft hatte. Bei aller Bescheidenheit - ich war schon jetzt wohlhabend. Daher durfte ich ein gewisses Selbstbewusstsein zur Schau stellen. Mit dem Fischer Junker würde ich mich schon einigen. Das wichtigste war ihm, dass ich sein Kind annehmen und großziehen würde. Das war für Maria Theresia und mich kein Problem.

Wichtig allein war mir, dass ich mich nicht - auch nicht für die Insel - in Leibeigenschaft begeben oder Frondienste für das Kloster leisten musste. Unabhängigkeit ist unbezahlbar.

Im Herbst war es soweit: Das Laub lag am Boden, es war kühl, doch mir wurde es warm um´s Herz. Im Vertrag vom 22. November 1721 zwischen dem Kloster und meiner Wenigkeit stand: *"Der kunstreiche Joseph Anton Feuchtmayer aus Schongau, seine zukünftige Frau und das angenommene Kind erhalten für 500 fl Verpfründungsgelder (neben der Insel) auch den Hausrat und das Mobiliar des Fischermeisters. Und jährlich bezahlen sie 15 Gulden Hauszins."*

Nach der Unterzeichnung des Vertrags begab ich mich in die Kapelle auf meiner Insel und dankte Gott für dieses wunderbare Fleckchen Erde. Es war ein Fleckchen Erde im großen Deutschen Reich. Kaiser Karl VI. herrschte von Wien aus. König Friedrich Wilhelm I. regierte von Berlin aus über Preußen. Friedrich August I. (August der Starke), Kurfürst von Sachsen und König von Polen ließ sich von seinem Baumeister Pöppelmann den Zwinger in Dresden erbauen. Zahlreiche weitere Kurfürsten, Bischöfe und Äbte bauten und schmückten sich ihre Residenzen mit Pracht und Prunk aus. An die Herrschaft unserer Reichsabtei Salem grenzte die Freie Reichsstadt Überlingen und der Fürst von Fürstenberg residierte im Schloss Heiligenberg. Allen Herrschern war gemeinsam, dass sie nach Macht und Repräsentation strebten. Ich war ein Künstler von 25 Jahren und hatte in dieser Welt die Aufgabe, mit meinen Werken im Auftrag des Abtes die Reichsabtei Salem in das Bewusstsein der Herrscher und vor allem des Volkes zu rücken.

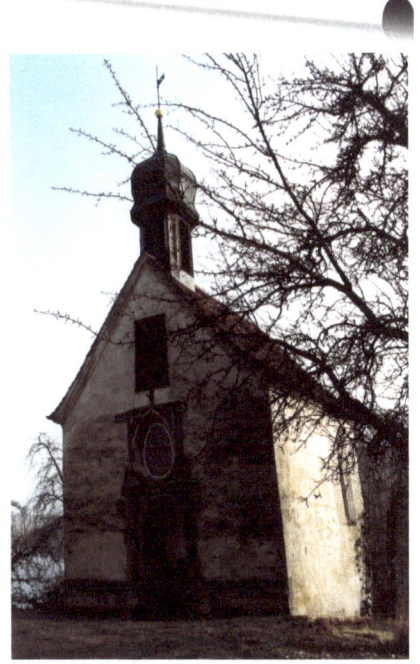

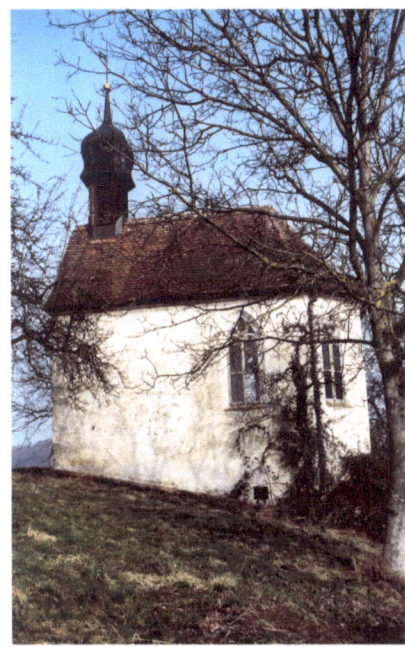

Die mittelalterliche Kapelle auf der Insel im Killenweiher

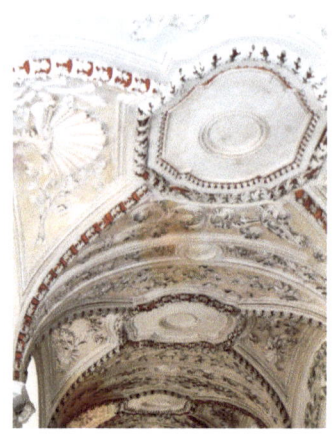 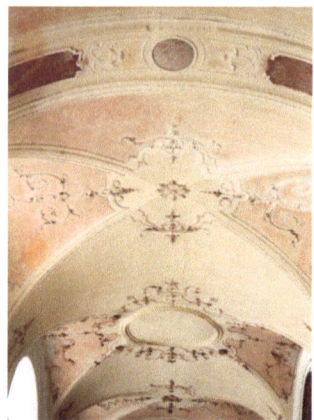

Deckenstuck von Franz Joseph im östlichen (um 1708) und von Joseph Anton Feuchtmayer im westlichen Kreuzgang (1721) in der Salemer Abtei. Im Gegensatz zu den fleischigen, plastischen Akanthusblättern des Vaters modelliert der Sohn modernes, zartes Bandwerk, wie er es bei den Italienern in Weingarten gelernt hatte.

Folgende Jahre

Stuckaturen waren Luxusware. Abt Stephan bewunderte meine Arbeiten und wusste, dass mir die Welt der Kunst offen stand. Seiner Exzellenz war daran gelegen, meine Kunst zu fördern und mich gleichzeitig in der Nähe des Klosters zu wissen. Die Übertragung des lebenslangen Nutzungsrechts für die Insel im Killenweiher an mich als Künstler kam daher auch dem Kloster sehr gelegen.

Ein Jahr später, mit 26 Jahren, heiratete ich in Mimmenhausen Maria Theresia Hollstein aus Wolfegg. Maria Theresia war zu Hause der Fels in der Brandung. Neben der beschwerlichen Schwangerschaften, der Geburten, der Erziehung unserer Kinder, der Haushaltsführung verköstigte sie unsere zahlreichenGesellen und versorgte die Landwirtschaft. Hinzu kam, dass sie während meiner längeren Aufenthalte auf auswärtigen Baustellen die Geschäfte mit den örtlichen Auftraggebern führte.

Als wir in unser Haus in Mimmenhausen einzogen, waren wir acht Jahre verheiratet. Gervasius, unser Ältester, zählte sieben Lenze. Wir waren dankbar, dass er die äußerst kritischen ersten Lebensmonate und -jahre gut überstanden hatte und zu einem gesunden Jungen heranwuchs. Er ging damals auf die von Abt Stephan gegründete Kloster Schule in Salem. Der dritte Abt, dem ich in Salem diente, der bedeutende Abt Anselm II. schätzte Gervasius so sehr, dass er ihn nach Eintritt ins Kloster förderte und zu seinem Sekretär ernannte. Das damals noch gute Verhältnis zwischen dem Abt, meinem Sohn und mir hatte leider unter den späteren Wirren um den Klostervorsteher sehr zu leiden - dazu später mehr.

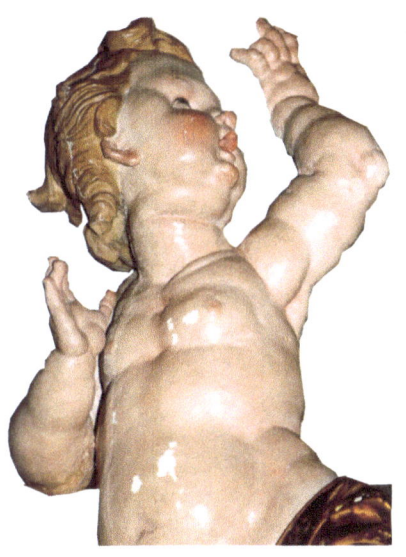 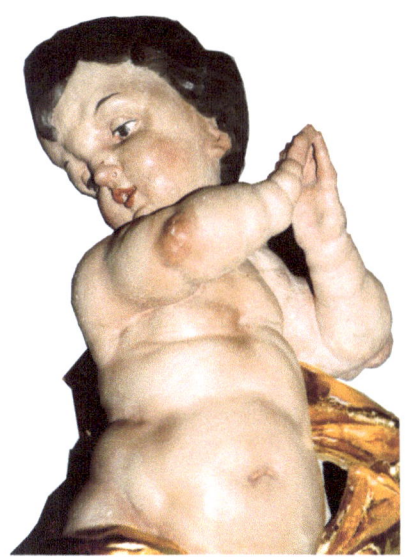

Putten vom Tabernakel des Birnauer Hochaltars, welches sich heute in Tepfenhard bei Ravensburg befindet.

Während der folgenden Schwangerschaften Maria Thereias mit Gabriel und Adele Genoveva bangten wir sehr um das Leben unserer Kinder. Doch Gott wollte das viele Beten in unserer Kapelle im Killenweiher nicht erhören! Er holte beide Säuglinge schon wenige Tagen nach der Geburt zu sich. Auch Christianus und Bernhard Gabriel starben kaum ein paar Wochen alt.

Nur Johann Baptist, der Viertgeborene, sollte mit seinem 8 Jahre älteren Bruder Gervasius aufwachsen. Er war so klug und zielstrebig. Seine Leidenschaft galt jedoch nicht der Bildhauerei - nein, er wollte Arzt werden und entschloss sich, Medizin in Freiburg zu studieren. Johann Baptist wurde somit zum ersten Studiosus in unserer Familie. Wir unterstützten seinen Entschluss und waren mächtig stolz auf ihn. Wie groß war der Schock, als wir auch ihn, 22jährig, verloren. Nachdem vor wenigen Jahren auch mein Stammhalter Gervasius mit 44 Jahren gestorben ist, wird der Feuchtmayerzweig meiner Familie mit mir aussterben.

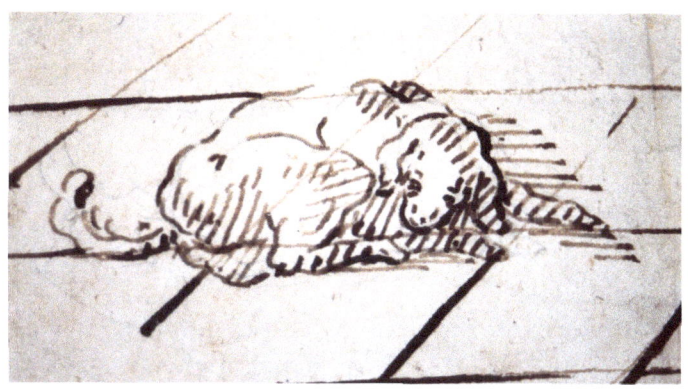

Die Grundlagen der Kunst

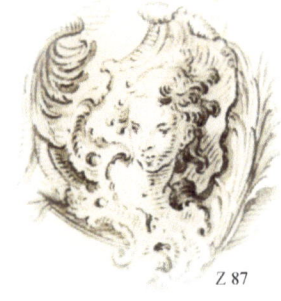
Z 87

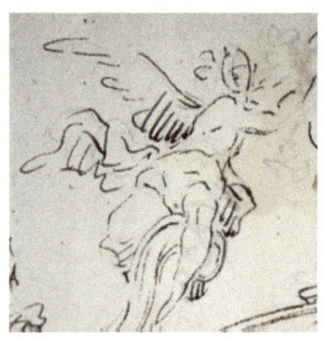

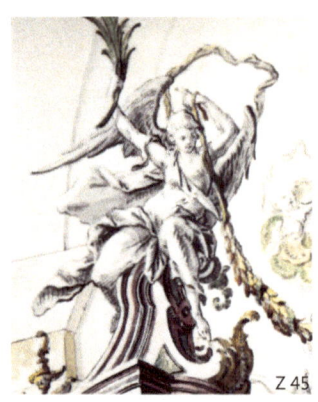
Z 45

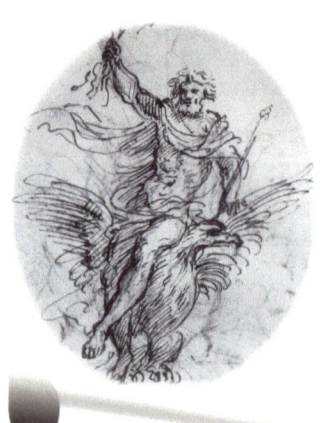

Der Zeichner

Als junger Werkstattleiter musste ich mich um Aufträge bemühen. Bald merkte ich, dass die Empfehlung, die mir die Italiener auf meinen künstlerischen Weg mitgaben, die richtige war: Eine gelungene Entwurfszeichnung, so war ihre Lehre, garantiert die Aufmerksamkeit des Auftraggebers. Figuren, die professionell in Anatomie, Bewegung und Gewand gezeichnet sind, technisches Können bei der Darstellung von Proportionen und Perspektive, dies alles, präsentiert in harmonischen Farben, sind ein bedeutender Schritt zur Auftragserteilung. Nach den ersten unbeholfenen Anfängen als 18jähriger Bildhauergeselle an der Kunstakademie in Augsburg, perfektionierte ich im Laufe der folgenden Jahre meine Zeichentechniken. Ich lernte viel von den italienischen Vorlagen, die als Bücher, Zeichnungen und Kupferstiche in Umlauf waren. Besonders faszinierten mich die Figuren-Zeichnungen des berühmten römischen Bildhauers Alessandro Algardi. Seine wirkungsvolle Technik des Schraffierens zum Darstellen von Plastizität forderten mich zum Nachahmen heraus.

Wie bringe ich meine Gedanken zu Papier? Zunächst konsultiere ich meine Vorlagensammlung nach geeigneten Motiven für die Altararchitektur und die Altarfiguren. Die ersten hieraus entstandenen Ideen skizziere ich mit Rötel oder Kreide zuweilen auch mit Graphit in wenigen Strichen auf´s Papier.

Es folgt die aufwendige, bis ins Detail ausgearbeitete Präsentationszeichnung, die ich dem Arbeitergeber vorlege. Die geistige Vorstellung einer räumlichen Altararchitektur auf das zweidimensionale Papier zu übertragen, will gelernt sein. Die perspektivische Illusion wird mit Hilfe von räumlichem Hintereinander, genau berechneten Verkürzungen und entsprechenden farblichen Nuancen vermittelt. Die exakte Abstimmung auch der kleinsten Bildelemente zueinander zeichnet einen bedeutenden Meister aus.

Bei den Studien für die Altarfiguren beginne ich meist im Zentrum des Körpers, am Bauchnabel, und deute den Kopf zunächst nur an. Es folgen Rumpf, Beine und Arme in Umrissen. Plastische Ausformungen werden schraffiert. Auch Architektur und Figur müssen genau auf einander abgestimmt sein. Mit Tinte, meist gewonnen aus Galläpfeln oder Sepia - die Tinte vom Tintenfisch - ziehe ich die Rötelszeichnung nach. Damit der Arbeitgeber sich die Ideen gut vorstellen kann, koloriere ich die Altäre, Figuren und Ornamente. Die Farben entsprechen dem später herzustellenden Stuckmarmor. Ist der Auftraggeber mit meinem Entwurf einverstanden und erteilt mir den Auftrag für die Erstellung eines Altares, fertige ich mit Tusche die Werkzeichnung für mich und meine Mitarbeiter an. Einzelne Bauteile werden in Nebenskizzen erläutert. Die Werkzeichnungen werden stark beansprucht, so dass ich nur wenige aufheben konnte.

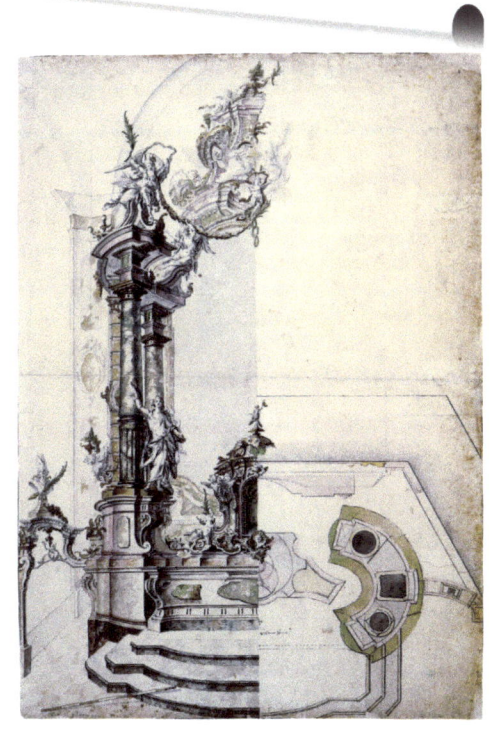

Den Altarentwurf (Z45) zeichnete Feuchtmayer 1746 für die Pfarrkirche in Altheim / Riedlingen. Architektur, Figuren und Farben sind präzise aufeinander abgestimmt. Der Grundriss verdeutlicht die räumliche Anordnung (Städtische Wessenberggalerie in Konstanz).

S. 20: Ausschnitte aus Altarentwürfen von Feuchtmayer (Städtische Wessenberggalerie Konstanz, Z 87, Z 12, Z 45). Die Zeichnung von Alessandro Algardi (unten) ist um 1650 in Rom entstanden und befindet sich heute in der Städtischen Kunstsammlung in Augsburg. Feuchtmayer kannte sie mit großer Wahrscheinlichkeit. Motiv und Zeichentechnik treten in seinem Werk immer wieder auf.

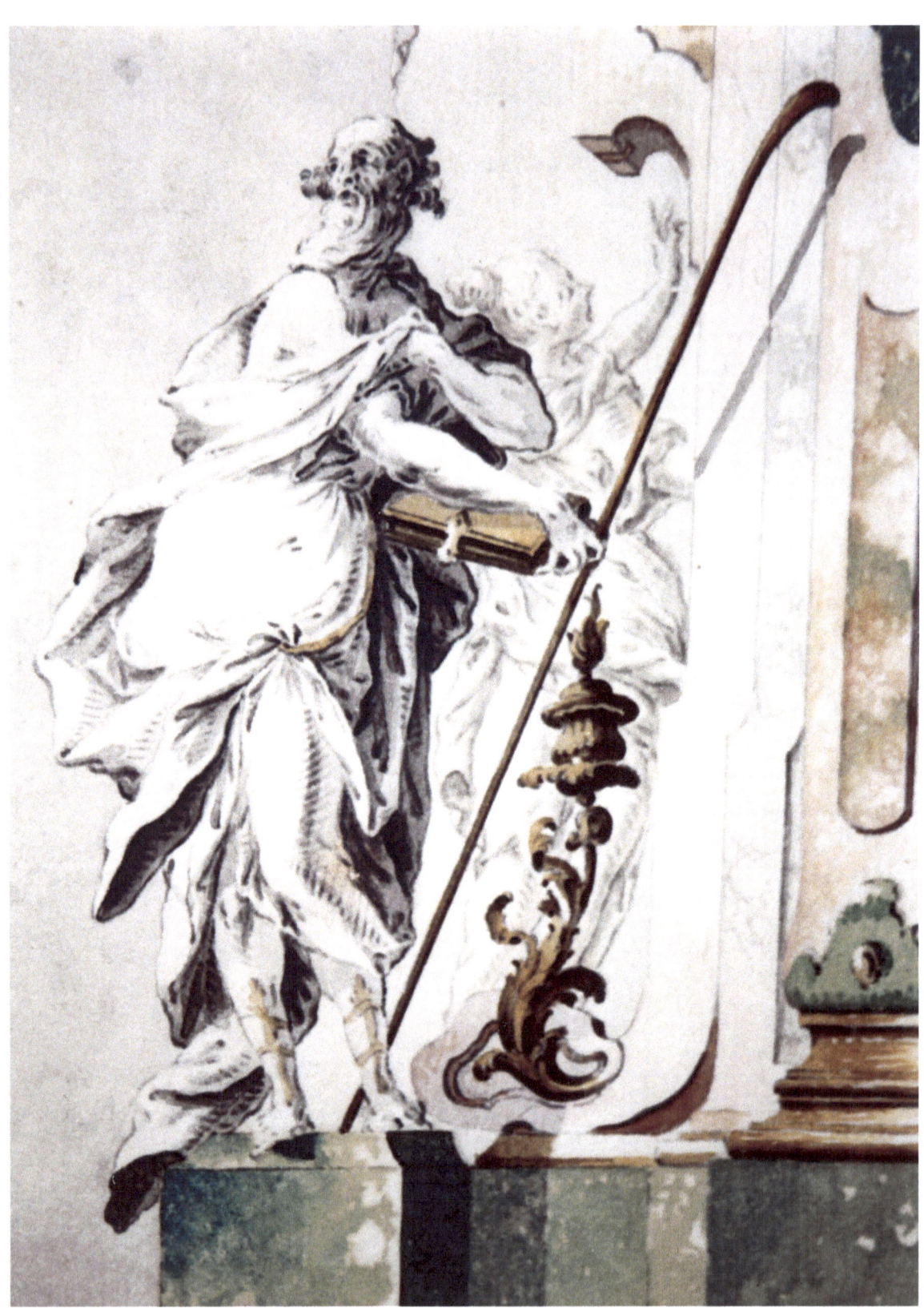

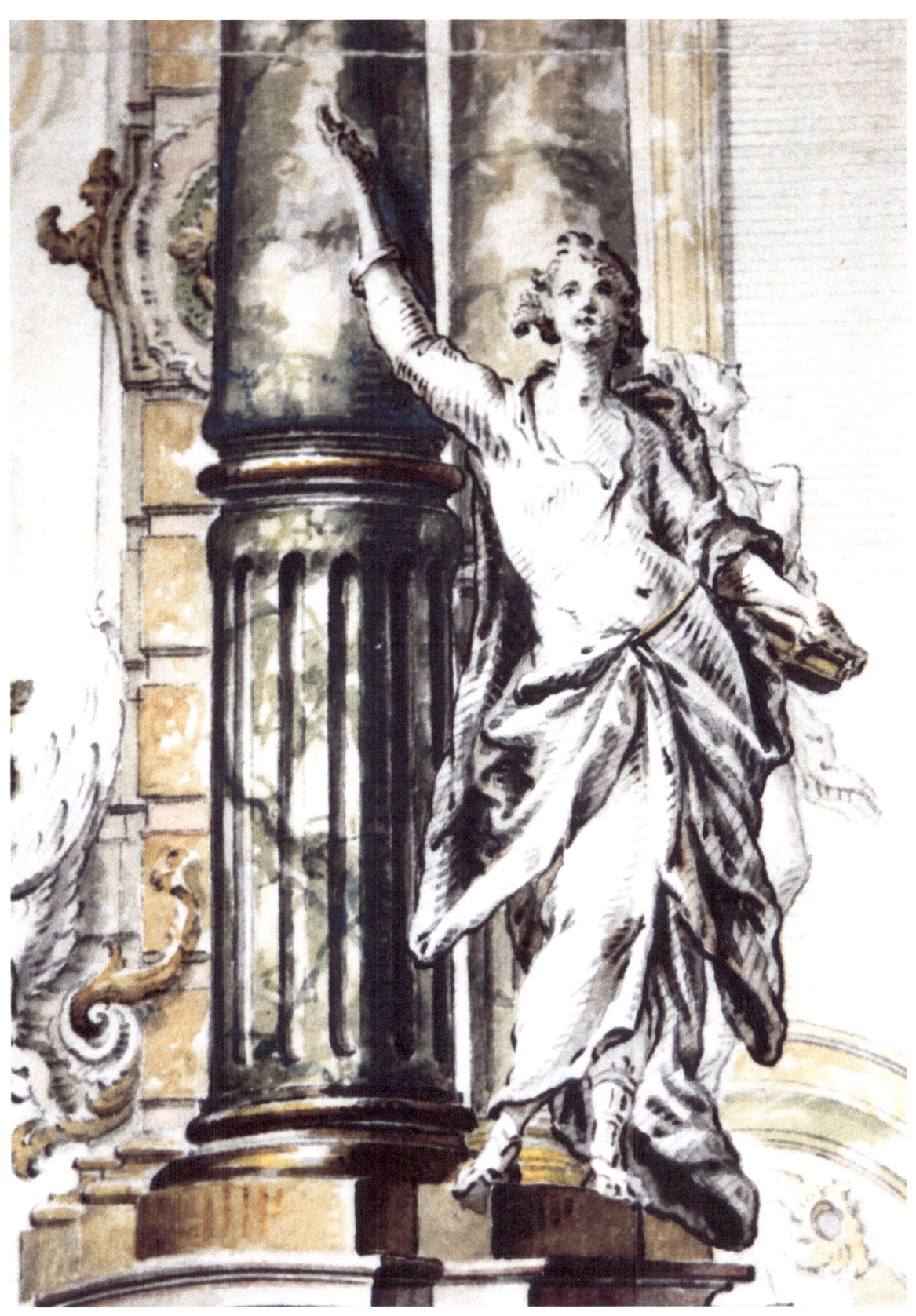

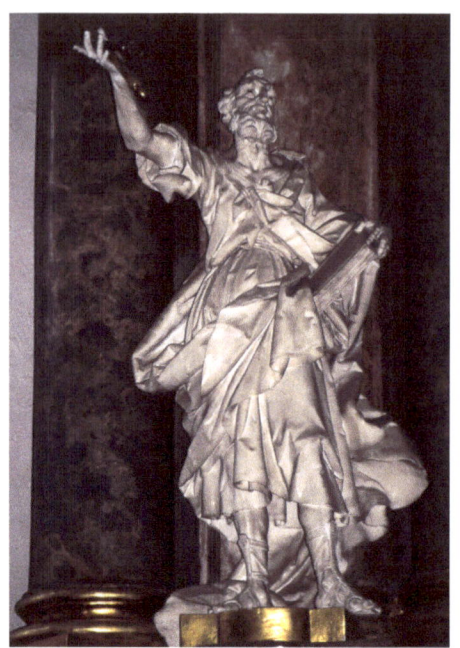 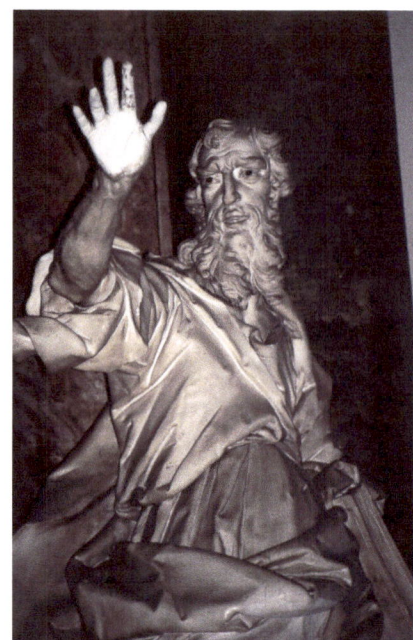

Diego F. Carlone erstellte mit seiner Werkstatt in Weingarten den Hochaltar und die Querhausaltäre in Stuckmarmor sowie die Figuren aus Hochglanzstuck. Hl. Petrus und Hl. Paulus von den Querhausaltären.

Vorlagenschätze aus Italien

Ich habe schon erwähnt, wie einflussreich in dieser Zeit die Kunst der Italiener auch für mich war. Ich hatte großes Glück, in Weingarten unter der Regie der Südländer vom Comer See arbeiten zu dürfen und somit auch auf einen der bedeutendsten und hoch geschätztesten Stuckbildhauer der Zeit zu treffen: Diego Francesco Carlone. Er war berühmt für seine wunderschönen weißen Hochglanzfiguren. Carlones Werkstatt begann im Sommer 1721 mit der Herstellung der Figuren für die Altäre in der Klosterkirche Weingarten. Meine Holzbildhauerarbeiten am Chorgestühl neigten sich dem Ende entgegen. Es bot sich für mich die Gelegenheit, bei diesem berühmten Meister die große Kunst des Glanzstucks zu erlernen. Aufgrund der jahrelangen Zusammenarbeit meines verstorbenen Vaters mit mehreren Generationen des Carlone-Clans nahm Maestro Diego Carlone mich kurzfristig als Geselle in seine Obhut. Mein Talent und mein Können hatte er beim Schnitzen der Holzskulpturen am Chorgestühl erkannt. Carlone war als junger Mann in Rom gewesen, in der Werkstatt seines Landsmanns Ercole Ferrata, der seinerseits bei dem berühmten Bildhauer der Päpste, Gianlorenzo Bernini gelernt hatte. Maestro Carlone ließ mich Vorlagen einsehen, die er während dieser Zeit gesammelt hatte.

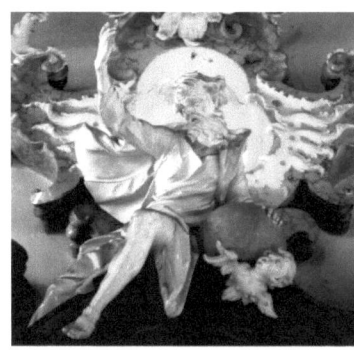 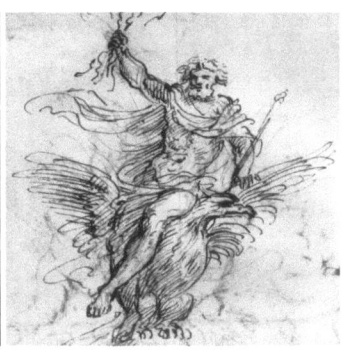 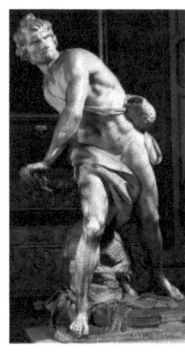 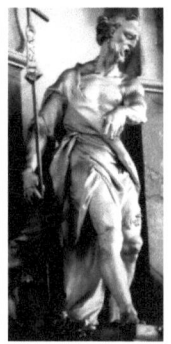

Da die Mappe von Feuchtmayer nicht mehr existiert, lassen sich seine Vorlagen nur durch Vergleiche erschließen, u.a. mit Werken von Bernini und Algardi, die ihm durch D. F. Carlone vermittelt wurden. V.l.n.r.:Feuchtmayer, Schloßkap. Meersburg; A. Algardi, Jupiter, 1650 (Zchg. Ausschn.), Städt. Kslg. Augsburg. G. L. Bernini, David, 1623 Rom, Villa Borghese; Feuchtmayer, Johannes d. Täufer, Wallfahrtskirche Birnau. Enthauptung des Hl. Paulus, 1645, S. Paolo in Bologna; Feuchtmayer, Taufgruppe, um 1748, Pfarrkirche Mimmenhausen. S. 22, 23: Ausschn. aus Altarentwürfen Z 79 re. und Z 45 li.,Städt. Wessenberggal. Konstanz.

Darunter waren Kupferstiche und Zeichnungen nach den Meisterwerken des vor 40 Jahren verstorbenen Bernini und seines Kollegen Alessandro Algardi, der einst ebenfalls in den Diensten des Papstes stand. Auch Skulpturen des genialen Michelangelo hatte Carlone studiert und gezeichnet. Dieser Einblick in die meisterhafte Darstellung von entblößten Körpern, lebhaften Bewegungen, kräftigem Muskelspiel kombiniert mit einem lebendigen Gesichtsausdruck faszinierte mich. Ich legte mir anhand dieser Vorlagen eine Mappe an, aus der ich für die folgenden Jahre Inspirationen schöpfte. Besonders faszinierten mich, wie schon bei den Zeichnungen, die Werke des Bildhauers Alessandro Algardi. Seinen Typus des Jupiters stellte ich Damian Hugo von Schönborn vor und verwendete das Motiv - mit Billigung des Fürstbischofs - für Gottvater auf dem Meersburger Hochaltar. Die Taufgruppe der Pfarrkirche in Mimmenhausen gestaltetet ich nach Algardis Enthauptung des Hl. Paulus. Dabei stellte ich mich der Herausforderung, zwei entblößte Oberkörper und damit Haut, Muskeln, Sehnen und Knochen aus dem Holz herauszuarbeiten.

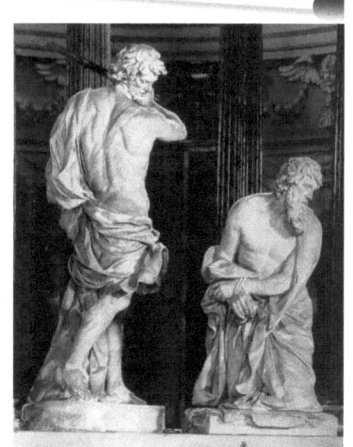
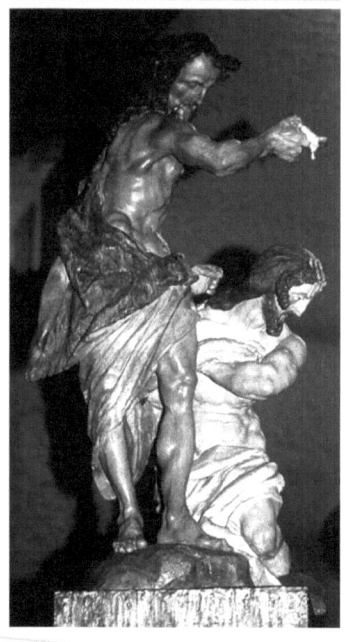

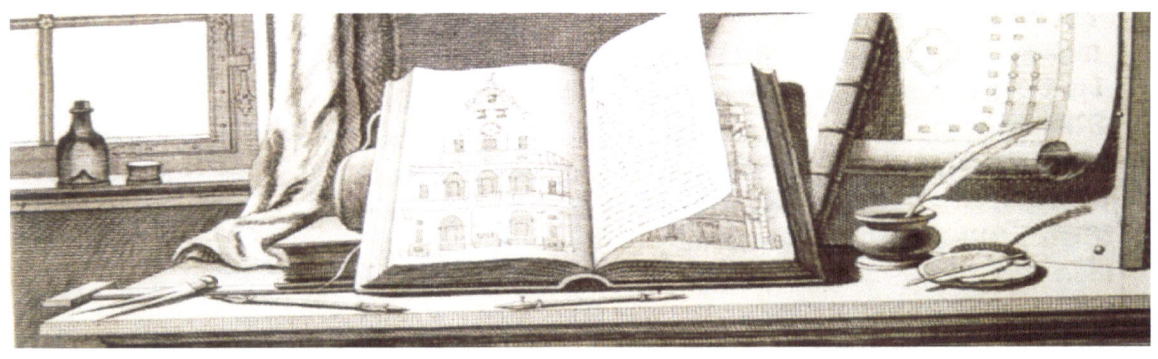

Die Lehrbücher

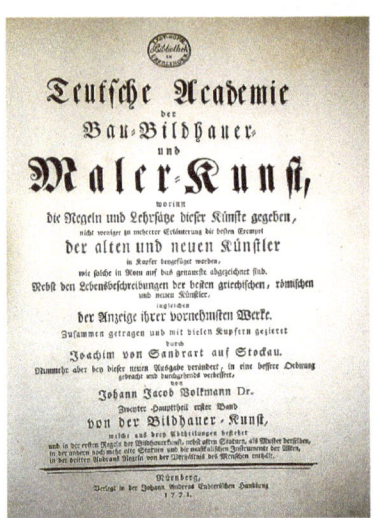

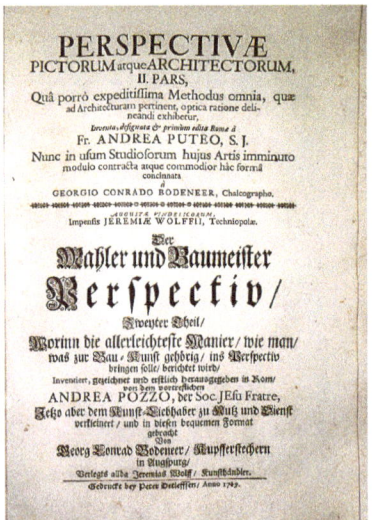

Exemplare der Leopold-Sophien-Bibiliothek, Überlingen

Einen weiteren Vorlagenschatz hatte mir mein Vater hinterlassen. Es handelt sich dabei um zwei gebundene, mehr bändige überaus gefragte Werke, die mir in Wort und Bild Informationen zur Bildhauerei, zu den Säulenordnungen und zur perspektivischen Darstellung gaben. Es handelte sich hierbei zum einen um das Werk von:

Joachim von Sandrart, Teutsche Akademie der edlen Bau-, Bild- und Mahlerey-Künste, zum ersten Male erschienen 1675-79 in Nürnberg

und von

Andrea Pozzo, Der Mahler und Baumeister-Perspektiv, erschienen 1693 zunächst in Rom und kurz darauf in Augsburg.

Diese Lehrbücher geben detailliert, zum Teil bis hin zu genauen Maßangaben, Auskunft über bedeutende römische Altarbauten, Skulpturen, Tempel, Kirchen und vieles mehr. Aus den Zeichnungen konnte ich zum Beispiel die Anlage und Proportionsverteilung der Muskeln bei Aktfiguren entnehmen. Außerdem gibt es in diesen Büchern Anleitungen zur Darstellung von Gemütsbewegungen wie Trauer, Freude, Schmerz und Leid. Diese beiden Werke und meine Verbindungen zu den Carlone ersparten mir eine beschwerliche Reise nach Rom, in die Hauptstadt der Künste.

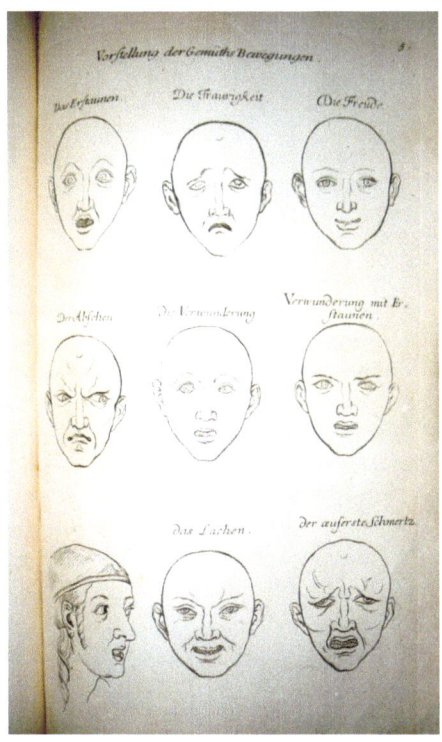

Die Freude

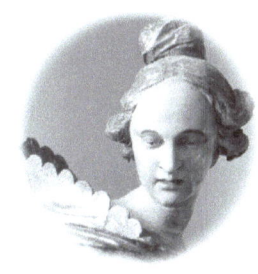

Der äußerste Schmerz

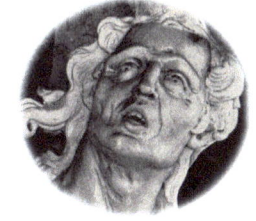 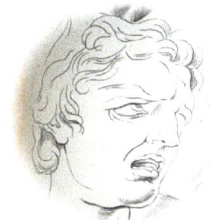

Das Lachen

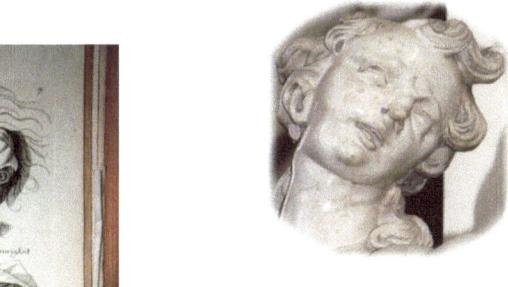 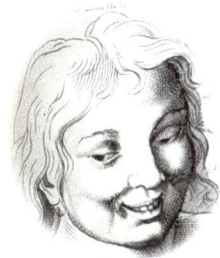

Die Niedergeschlagenheit

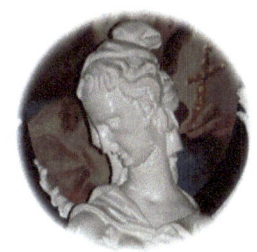 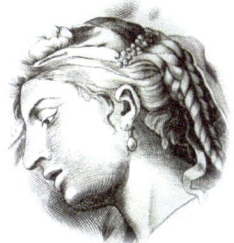

In J.v.Sandrarts Werk, Teutsche Akademie, Bd. 3,1, fand Feuchtmayer die Typen zur Darstellung von Physiognomien, die er in den Gesichtern seiner Figuren verarbeitete.

Feuchtmayer bemühte sich, seine Figuren möglichst lebensnah zu gestalten. Er konnte wunderschöne Gesichter formen. Für eine ausdrucksstarke Darstellung von Freude,
Verzweiflung oder Schmerz scheute er das Hässliche nicht. Mittlere Reihe v.o.n.u.: Maria, Berlin; Sebastian, Scheer; Engel, Meersburg; Maria, Mainau.

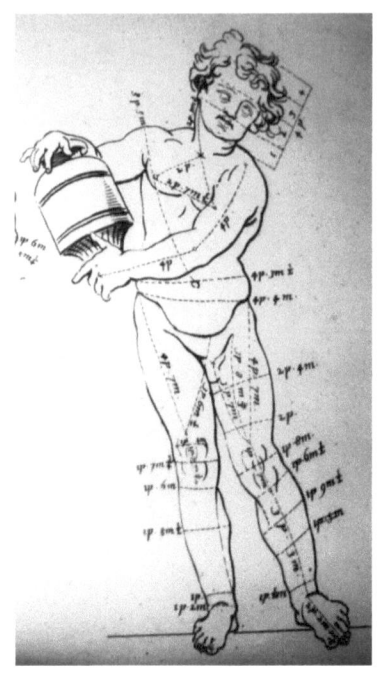
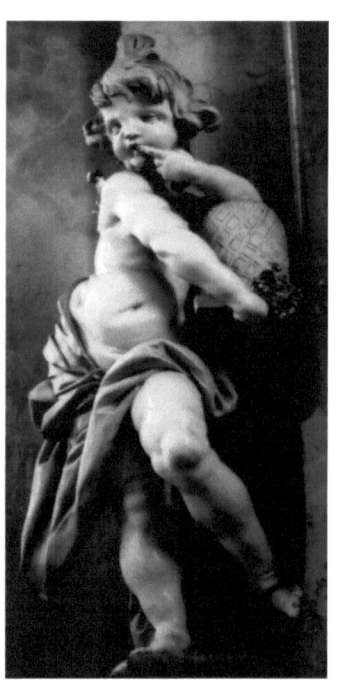

*J.v. Sandrart,
Teutsche Akademie
(li. und unten li.)*

*Birnau Wallfahrtskirche,
"Honigschlecker"*

*Mainau Schlosskapelle,
Hl. Sebastian*

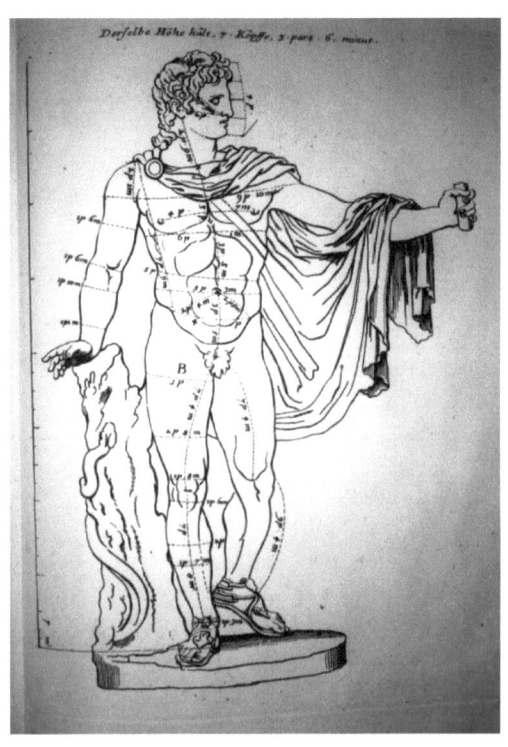
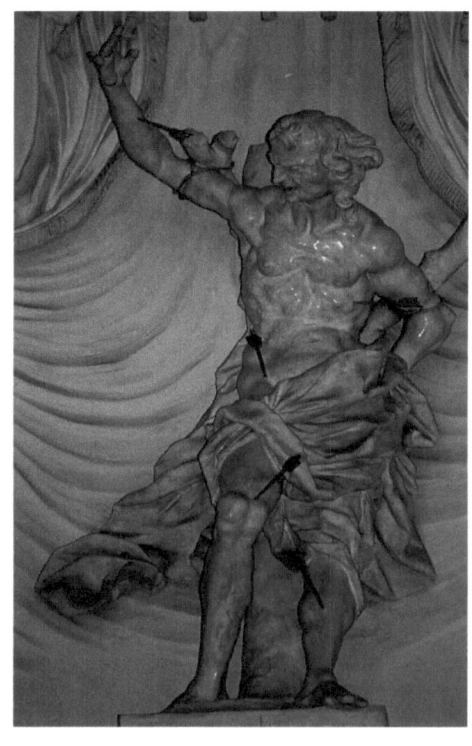

*Als einer der wenigen süddeutschen Stuckateure und Bildhauer seiner Zeit interessierte sich Feuchtmayer für die Darstellung von Aktfiguren. Dazu
bedarf es der Kenntnis von der Lokalisierung und Größe der Muskeln. In J.v.
Sandrarts Werk fand der Meister Angaben zu den Proportionen des wohlgebauten nackten Körpers eines Kindes und eines erwachsenen Mannes.*

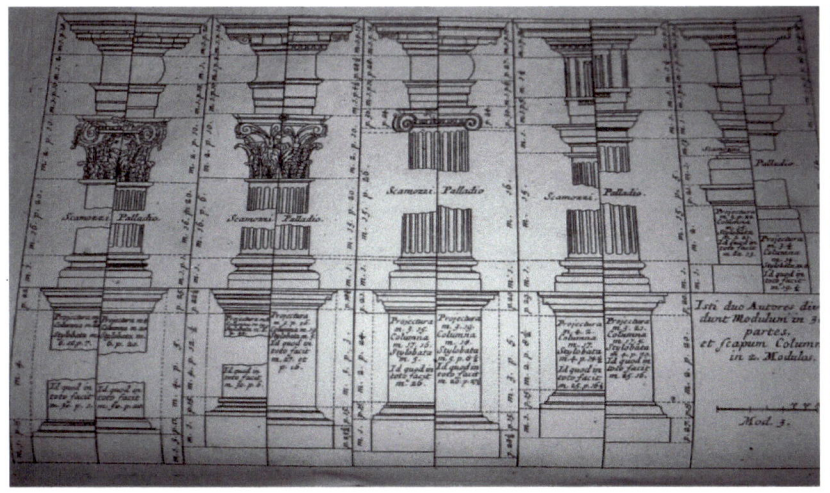
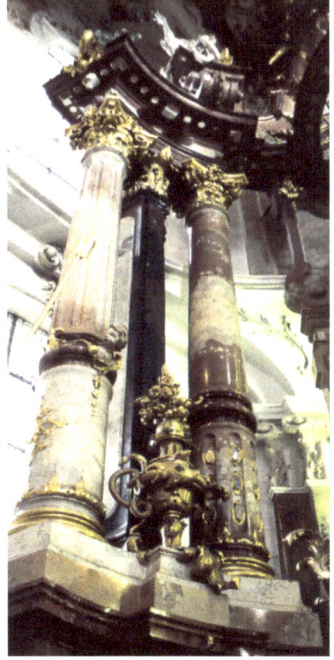

Von weiblichen und männlichen Säulen

Um einen Altar ansehnlich zu gestalten und all seine Teile, wie Säulen, Gebälk, Baldachin und Ornamentik harmonisch aufeinander abzustimmen, ist es erforderlich, ihn nach den Regeln der Säulenordnungen zu proportionieren. Wie den Gliedern des wohlgestalteten menschlichen Körpers ein Grundmaß, nämlich die Höhe des Kopfes zugrunde liegt, so sollen auch architektonische Glieder nach einem solchen Modul proportioniert werden. Das Grundmaß für eine Säule ist die Hälfte ihres unteren Durchmessers. Die Auffassung stammt aus der Antike. Der römische Architekt Vitruvius Pollio hat diese Gedanken um 30 v. Christus in seinen 10 Büchern über die Baukunst niedergeschrieben. Die Lehre Vitruvs wurde im 15. Jahrhundert wieder aufgegriffen und hat seither großen Einfluss auf die Baukunst. Schon früh hatte ich gelernt, wie wichtig es ist, zum Beispiel die Proportionen der dorischen Ordnung genau von denen der Korinthischen zu unterscheiden. Dies gehört nicht nur zu den Grundlagen der Architektur sondern auch der Altarbauerei.

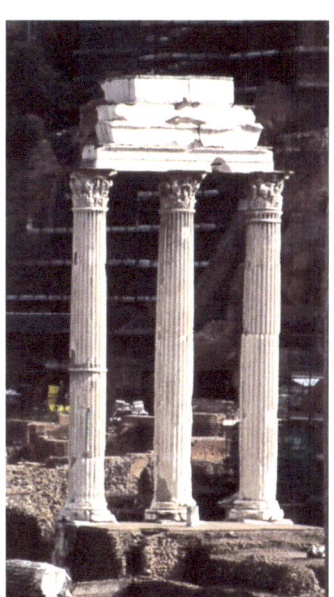

Säulen des Hochaltars der Wallfahrtskirche Birnau von J.A. Feuchtmayer (o.). Ruine eines römischen Tempels auf dem Forum Romanum in Rom (u.). In dem Buch von Pozzo (o.li.) fand Feuchtmayer Angaben zu den Säulenordnungen.

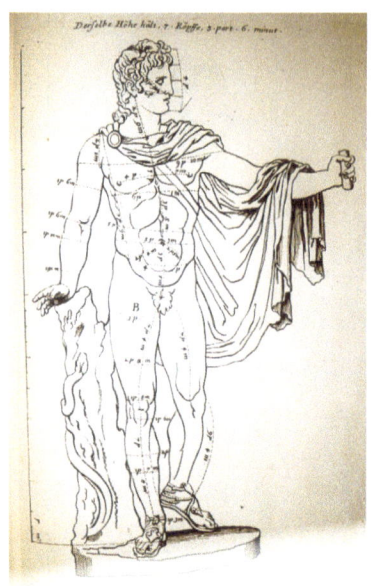 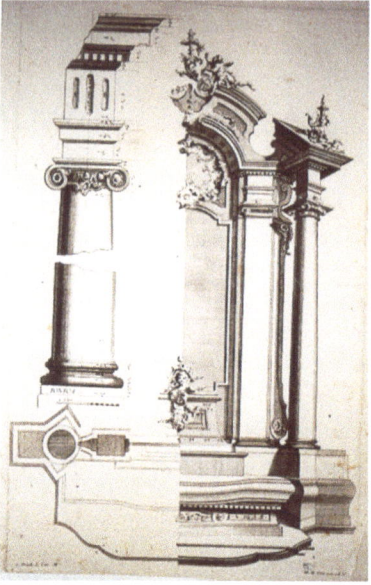 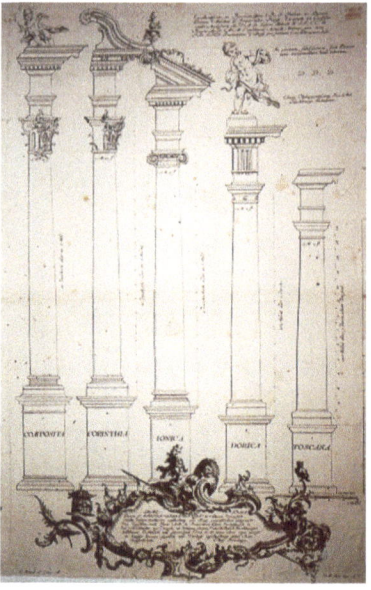

In dem Lehrbuch von J.v. Sandrart konnte Feuchtmayer nachlesen, dass das Grundmaß des wohlgestalteten menschlichen Körpers der Höhe des Kopfes entspricht (li.).
Ein Altarentwurf von Feuchtmayer zur ionischen Säulenordnung (mi.). Kupferstich von Feuchtmayer mit den fünf Säulenordnungen (re.). Die nebeneinander angeordneten Säulen verschiedener Ordnungen veranschaulichen die Differenzen der Längen, der Durchmesser des Säulenstamms und der Postamente. Schön zu sehen ist auch die unterschiedliche Gestaltung der Säulenbasen, der Kapitelle sowie der darüber liegenden Gebälke und Giebelansätze. Beide Kupferstiche befinden sich heute in der Städtischen Wessenberggalerie in Konstanz.

So verkörpern nach Vitruv die dorische und die toscanische Ordnung in ihrer Schlichtheit und Stämmigkeit das Männliche. Dagegen stehen Ionica, Korinthia und Komposita mit ihren ornamentalen und von Pflanzen umrankten Kapitellen sowie den schlanken Stämmen für das Weibliche. Für die Marien-Altäre verwende ich somit letztere Ordnungen. Auch Andrea Pozzo und Joachim von Sandrart beschäftigten sich mit den vitruvianischen Säulenodrnungen in ihren Lehrbüchern. Hier holte ich mir Anregungen für meine eigenen Gedanken bei der Verwendung der Säulenordnungen für den Altarbau. Ich veröffentlichte diese Ideen in Form von Kupferstichen bei meinem Kollegen, dem Maler und Verleger Gottfried Bernhard Göz in Augsburg. Auf diese Weise konnten Interessierte mein Ideen erwerben. Mit Meister Göz verband mich übrigens ein langjähriges Freundschafts- und Arbeitsverhältnuis. Ich habe mit ihm in Salem, in Meersburg und in der Birnau zusammengearbeitet - über ihn später mehr.

Der Entwurf für den Hochaltar der Meersburger Schlosskapelle

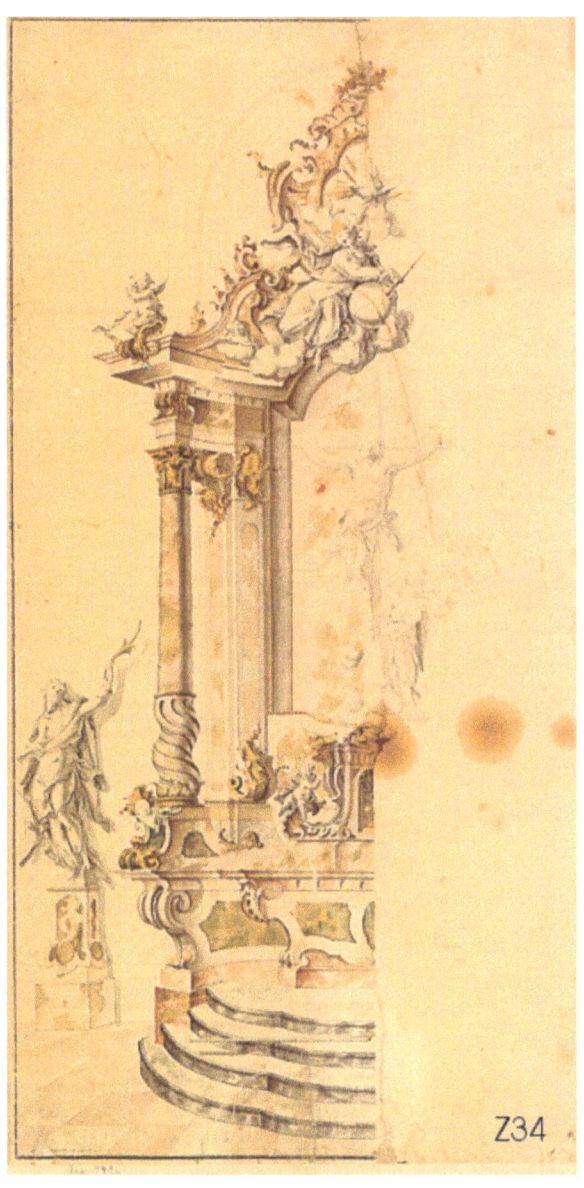

Feuchtmayers Meersburger Altarentwurf wurde von Fürstbischof Kardinal Damian Hugo von Schönborn schlichtweg abgelehnt. Nach den zahlreichen, von renommierten Arbeitgebern hochgeschätzten Werken, für die Kirchen in Weingarten, in St. Peter im Schwarzwald, in Einsiedeln und Engelberg sowie auf der Mainau, muss die Zurückweisung seiner Kunst eine herbe Enttäuschung für den Meister gewesen sein. Und dennoch erhielt er diesen überaus bedeutenden fürstbischöflichen Auftrag.

Doch die Altararchitektur entstand nicht nach Feuchtmayers Vorstellungen, sondern nach den Ideen des berühmten fürstbischöflichen Architekten Balthasar Neumann, nach dessen Plänen die Meersburger Residenz umgebaut wurde.

Neumann hatte im Jahr zuvor für den Fürstbischof von Würzburg, Friedrich Karl von Schönborn, einen Altar für die Pfarrkirche in Kitzingen-Etwashausen entworfen. Damian Hugo erachtete Neumanns Konzept der Verbindung von Raum- mit Altararchitektur für nachahmenswert und befahl Feuchtmayer den Meersburger Altar entsprechend zu gestalten.

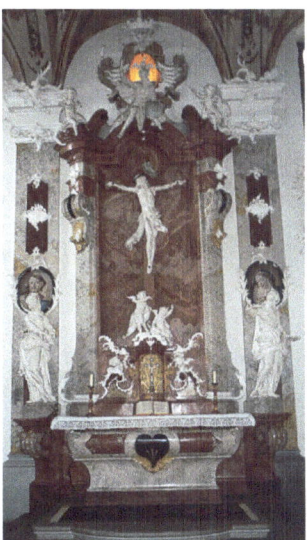
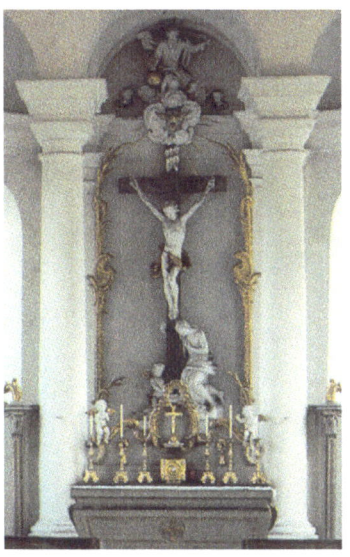

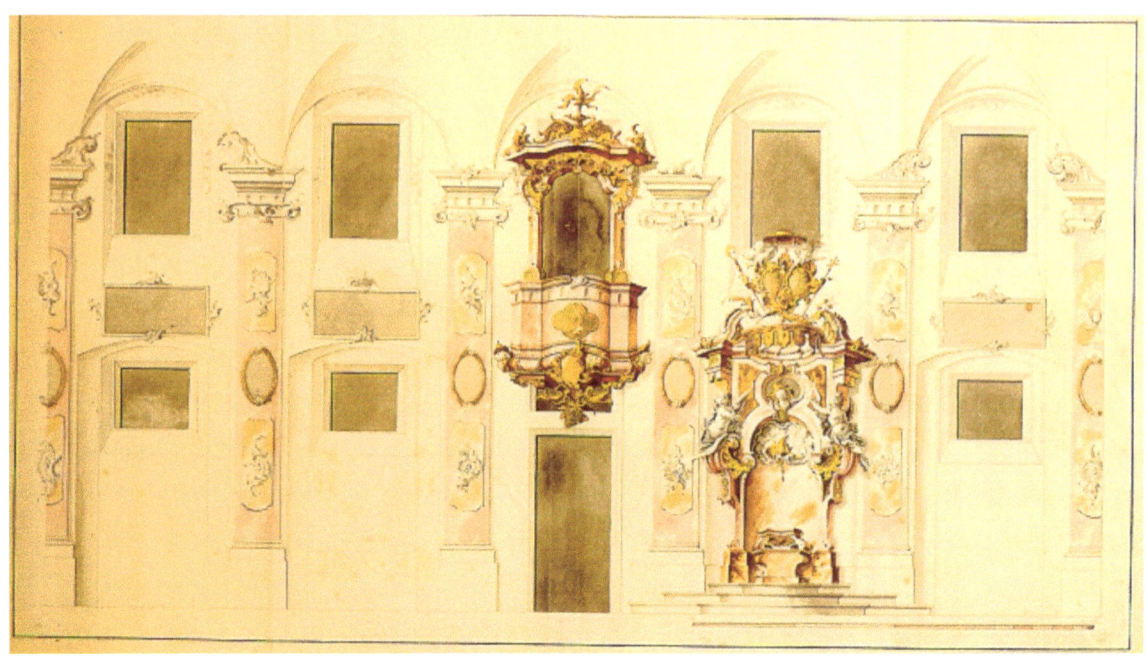

Damit auch alles zur Zufriedenheit des Fürstbischofs ausgeführt wurde, enthielt der Vertrag, der zwischen Schönborn und Feuchtmayer geschlossen wurde, genaue Weisungen zur Höhe des Altars und des Kreuzes, zu den darzustellenden Figuren, zu den Pilastern, Rahmen und zu den Farben des Stuckmarmors. Die Farbwahl musste Feuchtmayer mit dem Maler Gottfried Bernhard Göz absprechen.

Feuchtmayer hat seine Arbeiten zur Zufriedenheit des Fürstbischofs ausgeführt. Dies geht aus folgender Begebenheit hervor: Der Meister war in Hechingen tätig. Er schickte seine Frau Maria Theresia zur Statthalterkommission nach Meersburg, um noch ausstehende 400 fl für die Arbeiten am Hochaltar abzuholen. Zur Verwirrung der Meersburger Herren legte Maria Theresia zur Abrechnung die verkehrten Entwürfe vor. Dennoch wurde Feuchtmayers Arbeit als "allseits für fleißig und dauerhaft befunden" und Maria Theresia bekam bis zur Nachlieferung der richtigen Pläne 300 fl. ausbezahlt.

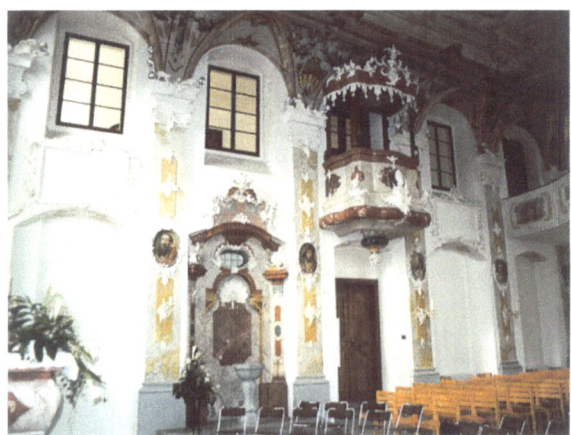

Entwurf zur Ostwand der Schlosskapelle in Meersburg, Zeil, Fürstl. Waldburg-Zeilsches Gesamtarchiv, Ra 861 (oben). Wandgestaltung der Meersburger Schlosskapelle, Entwurf und Ausführung von Feuchtmayer, 1741 (li.).
S. 31 oben: Nicht ausgeführter Entwurf zum Hochaltar der Schlosskapelle in Meersburg, heute im Museum für Kunsthandwerk, Frankfurt/Main, Inv. Nr. 7476. Unten: Ausführung nach Ideen von Neumann (li.). Hochaltar in der Pfarrkirche von Kitzingen-Etwashausen von Balthasar Neumann (re.).

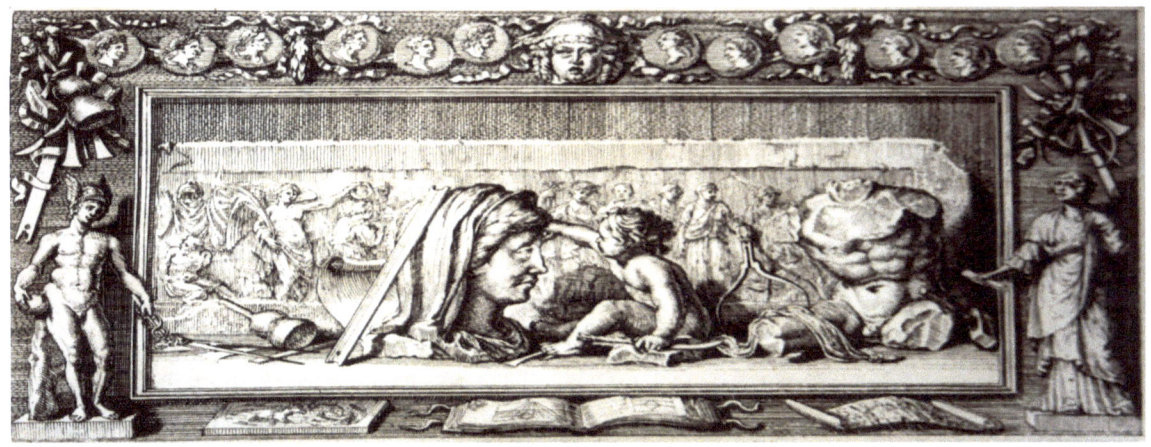

Die Werkstatt

Nach dem Tod meines Vaters fiel mir die Verantwortung des Werkstattleiters zu. Plötzlich war ich auf mich gestellt. Es lag nun an mir, Ansehen und Wohlstand zu sichern. Mein Vater hatte mich auf diese Aufgabe vorbereitet. Dennoch war es eine Herausforderung, von jetzt an für die Aufträge verantwortlich zu sein, Entwurfszeichnungen anzufertigen, mit den Auftraggebern zu verhandeln, Kosten und Gehälter zu berechnen, Gesellen und Lehrlinge anzustellen und auszubilden. Ein gewisser Geschäftssinn ist mir angeboren. Ich konnte als junger Mann hart arbeiten und war immer darauf bedacht, mein Vermögen in ertragversprechende Ländereien anzulegen. Diese dienten in erster Linie zur Selbstversorgung meiner Familie. Zuweilen versprachen sie auch zusätzliche Einkünfte: Auf meiner Insel im Killenweiher unterhielt ich eine Landwirtschaft mit Obstbäumen und Wein. Eine Zeit lang pflanzte ich Maulbeerbäume, denn ich wollte Seidenraupen züchten, leider mit wenig Erfolg. Dagegen erwies sich meine Tätigkeit als Stuckateur, Bildhauer und Altarbauer als Gewinn bringend. Der Werkstatt eilte der Ruf voraus, zeitgemäße und außergewöhnlich schöne Werke von guter Beschaffenheit herzustellen. Immer mehr Auftraggeber verlangten nach meinen Diensten. Die Entwurfstätigkeit und die Organisation mehrerer Baustellen gleichzeitig forderten enorm viel Zeit. Darunter durfte die Qualität der Werke nicht leiden. Daher stellte ich weitere Gesellen ein. Meine Werkstatt wuchs zu einem großen Betrieb heran. Als ich die Aufträge nicht mehr allein bewältigen konnte und mein zunehmendes Alter mir die vielen Reisen nicht mehr erlaubte, teilte ich mir die Leitung der Werkstatt mit Johann Georg Dirr, da keiner meiner Söhne die Bildhauerei zur Profession erwählt.

Johann Georg Dirr

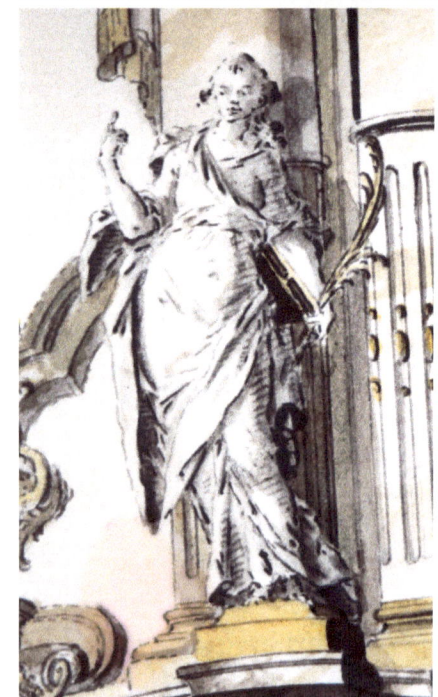

Altarentwürfen für die Franziskanerkirche in Überlingen (Ausschn.), s. folgende Seiten.

Johann Georg Dirr kam mit 26 Jahren als Geselle in meine Werkstatt. Er stammt aus dem traditionellen Bildhauerort Weilheim, gelegen in der Nähe von Schongau. Sein Bruder Franz Anton begleitete ihn. Ich war gerade dabei, die Ausstattung der Wallfahrtskirche Neu-Birnau in Szene zu setzen. Johann Georg erwies sich als begnadeter Holzbildhauer. So konnte ich ihm schon bald die Schnitzarbeiten für die in Gold gefassten Büsten der Apostel auf der Galerie in der Wallfahrtskirche überlassen. Nach seiner Gesellenzeit verließ uns Johann Georg, um sich, frisch vermählt, mit seiner Ehefrau in Stockach als Meister niederzulassen. Drei Jahre später kehrte er nach Mimmenhausen zurück, erwarb das Bürgerrecht und gründete mit mir die Werkstattgemeinschaft. Johann Georg war vermögend und konnte hart arbeiten.

Franz Anton, sein Bruder, stand mir ebenfalls als Bildhauergeselle zur Seite. Er verfügte über großes Talent zum Zeichnen, erhielt bei mir eine entsprechende Ausbildung und kopierte später zahlreiche meiner Altarentwürfe. Er gründete seine eigene Bildhauerwerkstatt in Überlingen. Dennoch arbeiteten wir auf zahlreichen Baustellen zusammen: So in der Klosterkirche Beuron, in der Überlinger Franziskanerkirche und in der Benediktiner Abtei St. Gallen.

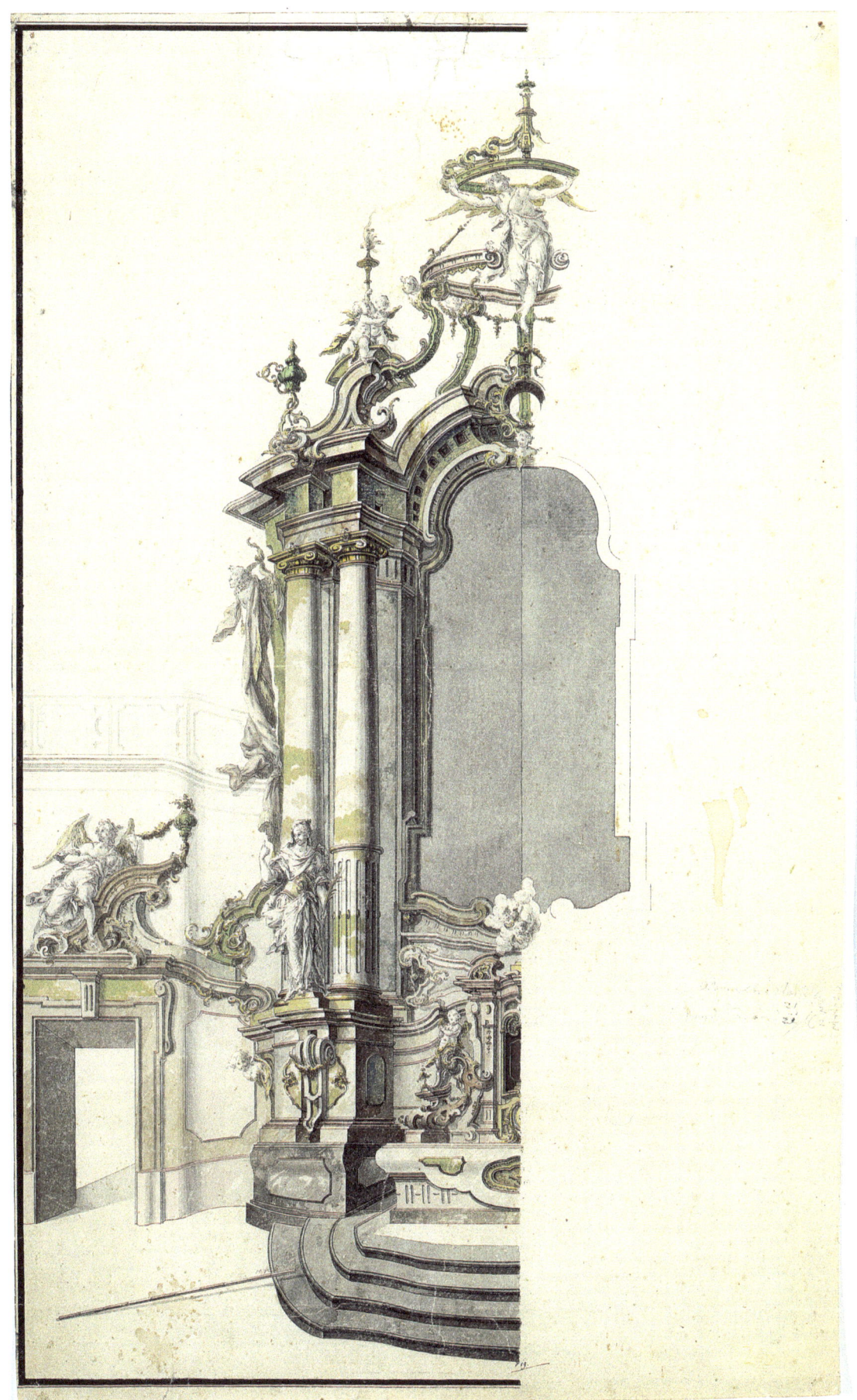

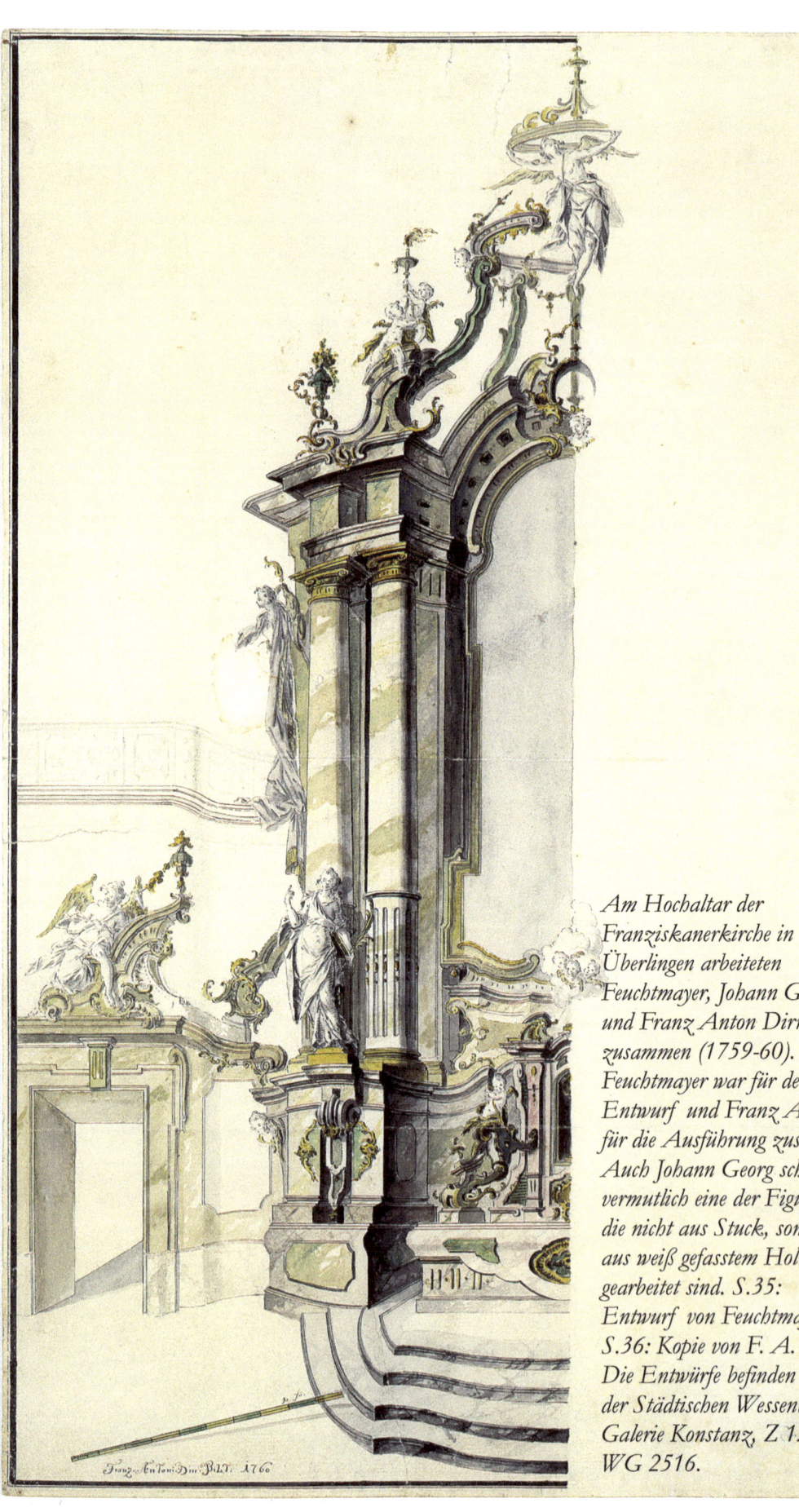

Am Hochaltar der Franziskanerkirche in Überlingen arbeiteten Feuchtmayer, Johann Georg und Franz Anton Dirr zusammen (1759-60). Feuchtmayer war für den Entwurf und Franz Anton für die Ausführung zuständig. Auch Johann Georg schuf vermutlich eine der Figuren, die nicht aus Stuck, sondern aus weiß gefasstem Holz gearbeitet sind. S.35: Entwurf von Feuchtmayer; S.36: Kopie von F. A. Dirr. Die Entwürfe befinden sich in der Städtischen Wessenberg-Galerie Konstanz, Z 127 und WG 2516.

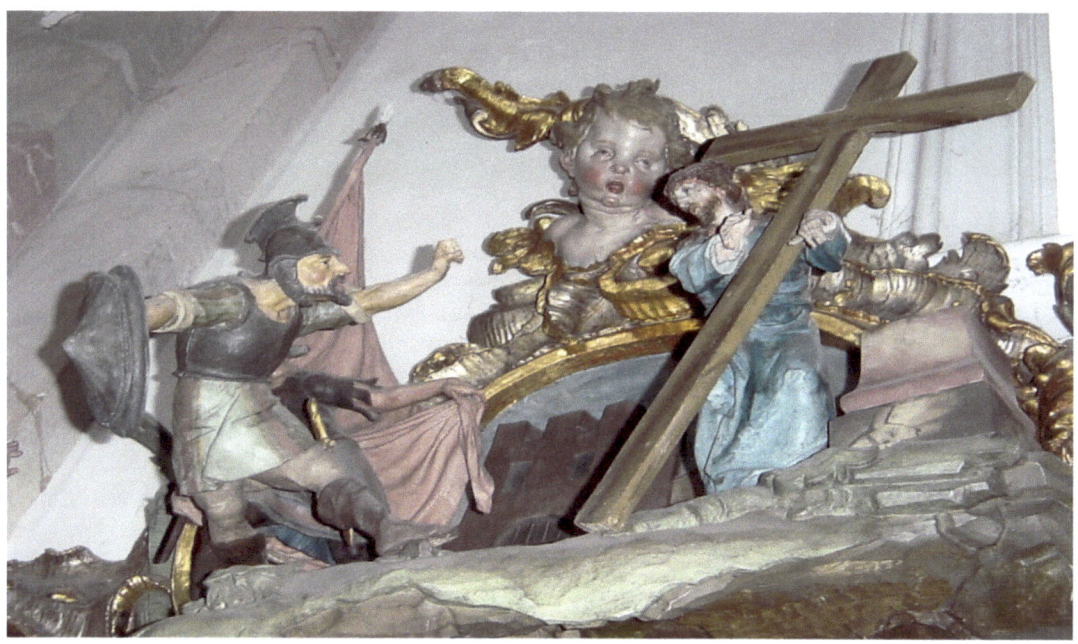

Beim Schnitzen der kleinen Theaterszenen für die 14 Kreuzwegstationen in der Birnau zeigt Feuchtmayer sein ganzes Können bei der Darstellung menschlicher Emotionen, Gesten und Physiognomien. Für jede Station bekam er 24 fl. Auch Franz Anton und Johann Georg Dirr beteiligten sich an den Schnitzarbeiten (1753-1754).

Unsere Vielseitigkeit

Die Feuchtmayer-Werkstatt war ungewöhnlich vielfältig. Mit Ausnahme der Malerei konnte die Gesamtausstattung einer Kirche von uns organisiert und ausgeführt werden: vom Altarbau bis zum Deckenstuck, von der Gestaltung der Fassade, wie die der Abteikirche von St. Gallen, bis hin zu Entwürfen von Reliefs für Glocken, zum Beispiel für das neue Geläut von Salem. Wir gestalteten Kirchengeräte, Teller und Geschirr. Die inzwischen berühmten Reliefs für das St. Gallener Chorgestühl wurden von mir entworfen, in unserer Werkstatt in Mimmenhausen angefertigt und dann per Schiff über den See nach St. Gallen gebracht. Die Auftraggeber schätzten diese Vielfältigkeit und Flexibilität unserer Werkstatt sehr. Johann Georg und ich entwarfen zusammen tolle Projekte, wie den Hochaltar mit acht Säulen für die Abteikirche von Salem. Ich glaube, es war das dritte Mal, dass Abt Anselm den Standort des Altars verändern und ihn in moderneren Formen neu errichten wollte. Es war ein gigantisches Projekt, in welches wir über mehrere Raumebenen den gesamten Chorraum einbezogen hätten. Doch unser Kostenvoranschlag von 9600 fl. war Anselm zu hoch. Daher wurde der Entwurf nicht ausgeführt.

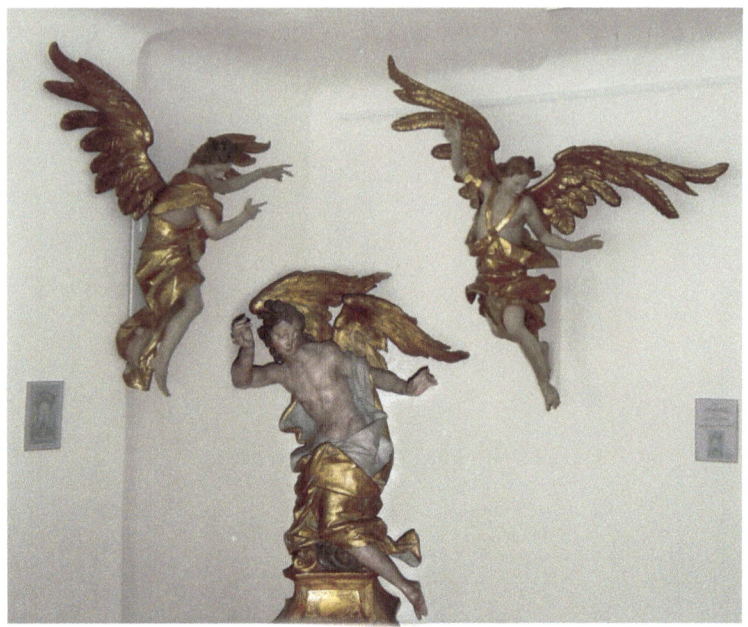

Diese drei Engel entwarf Feuchtmayer vermutlich für den Salemer Hochaltar (1752-55). Die beiden Engel im Hintergrund fertigten die Werkstattmitarbeiter. Sie saßen wahrscheinlich in sieben bis acht Metern Höhe auf dem Auszug der riesigen Altararchitektur. (Leihgaben des Badischen Landesmuseums in Karlsruhe an das Feuchtmayer Museum in Salem-Mimmenhausen). Der Hochaltar wurde Ende des 18. Jahrhunderts durch den Alabasteraltar von Johann G. Wieland ersetzt.

Der Engel im Vordergrund, ein Werk des Meisters, gehörte vermutlich zum Tabernakel des Altars. Dieser Engel befindet sich in Privatbesitz und wurde in die Aufnahme hinein projiziert.

Es gab Arbeitgeber, die verlangten, dass wir beide auf der Baustelle anwesend waren. Beim Auftrag für den Hochaltar der Klosterkirche Beuron war dies sogar vertraglich mit dem Abt vereinbart worden. Johann Georg übernahm meist die Holzbildhauerarbeiten, ich war für die Entwürfe und die Stuckbildnerei zuständig.

Stilistisch entfernte sich Johann Georg in den späteren Jahren von mir. In Frankreich kam die Bewegung in der Kunst zur Ruhe. Abt Anselm kehrte im Jahre 1765 euphorisch von seiner Reise aus Paris zurück. Der Wandel zum Strengen und Kühlen begeisterte ihn. Seiner Meinung nach war dies der angemessene Stil für die Ausstattung seines mittelalterlichen Münsters. In seinen Augen waren alle Altäre, die ich erstellt hatte, veraltet. Die Folge war, dass ich zusehen musste, wie die Werke, die ich in den letzten Jahrzehnten geschaffen hatte, aus der Abteikirche verbannt wurden.
Johann Georg war offen für den neuen Stil. Er traf sich in immer kürzeren Abständen mit dem Abt. Anselm legte ihm die neusten, extra aus Frankreich angeforderten Kupferstiche mit Ornamenten und Figuren vor. Sie besprachen zusammen deren Ausführung. Und ich muss zugeben, es gelang meinem Partner bestens, Anselms Wünsche umzusetzen.

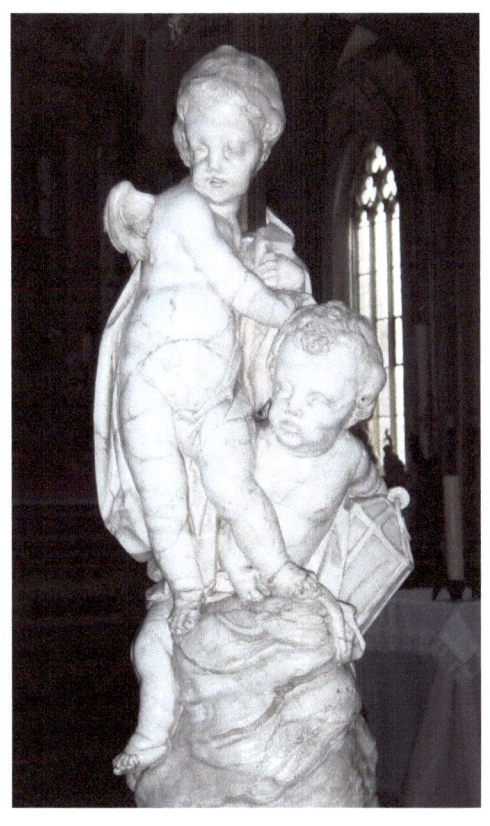 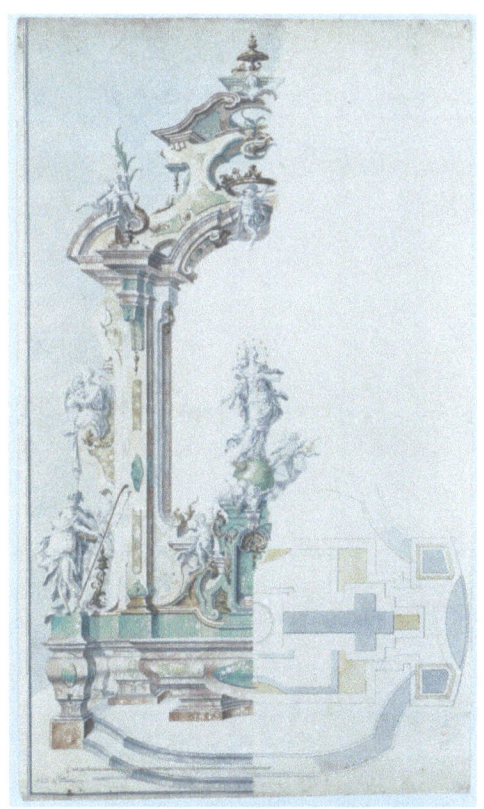

J. G. Dirr und J. G. Wieland statteten das mittelalterliche Salemer Münster mit Werken aus Albasterstuck im frühklassizistischen Stil aus. Li.: Putten von den Chorschranken (Alabaster). Re.:Feuchtmayer, Entwurf, Salemer Hochaltar, 1750 (Städt. Wessenberg-Gal. Konstanz, Z79).

Ich musste mit ansehen, wie Johann Georg zunehmend begünstigt wurde, wie er zahlreiche Audienzen bekam und vor allem, wie er im Jahre 1764 den bedeutenden Auftrag für die Ausstattung der Prälatur, der Wohnung des Abts, unterschrieb. Mein Verständnis für diesen Stilwandel war gering. Ich bevorzugte weiterhin das Temperament und das Eigenwillige in der Kunst. Doch Abt Anselm hatte sich noch aus einem anderen Grund mehr und mehr von mir entfernt. Seit der Verschwörung einiger Mönche gegen ihn und sein autoritäres Wesen, konnte ich unserem Klostervorsteher kaum noch unter die Augen treten. Denn auch mein Sohn Gervasius, den Anselm von Kindesbeinen an gefördert und später zu seinem Sekretär ernannt hatte, schloss sich den Verschwörern an. Da diese Intrige im Jahre 1761 sogar zu Anselms vorübergehender Absetzung geführt hatte, fühlte ich mich für meinen Sohn tief beschämt. Der päpstlichen Gesandte Monsignore Giuseppe Garampi, der aus Rom angereist kam, sprach Anselm nach genauer Prüfung sämtlicher Anklagepunkte frei. Der Einschnitt in unsere Beziehung war jedoch unübersehbar. Dabei hatten wir uns früher so gut verstanden...

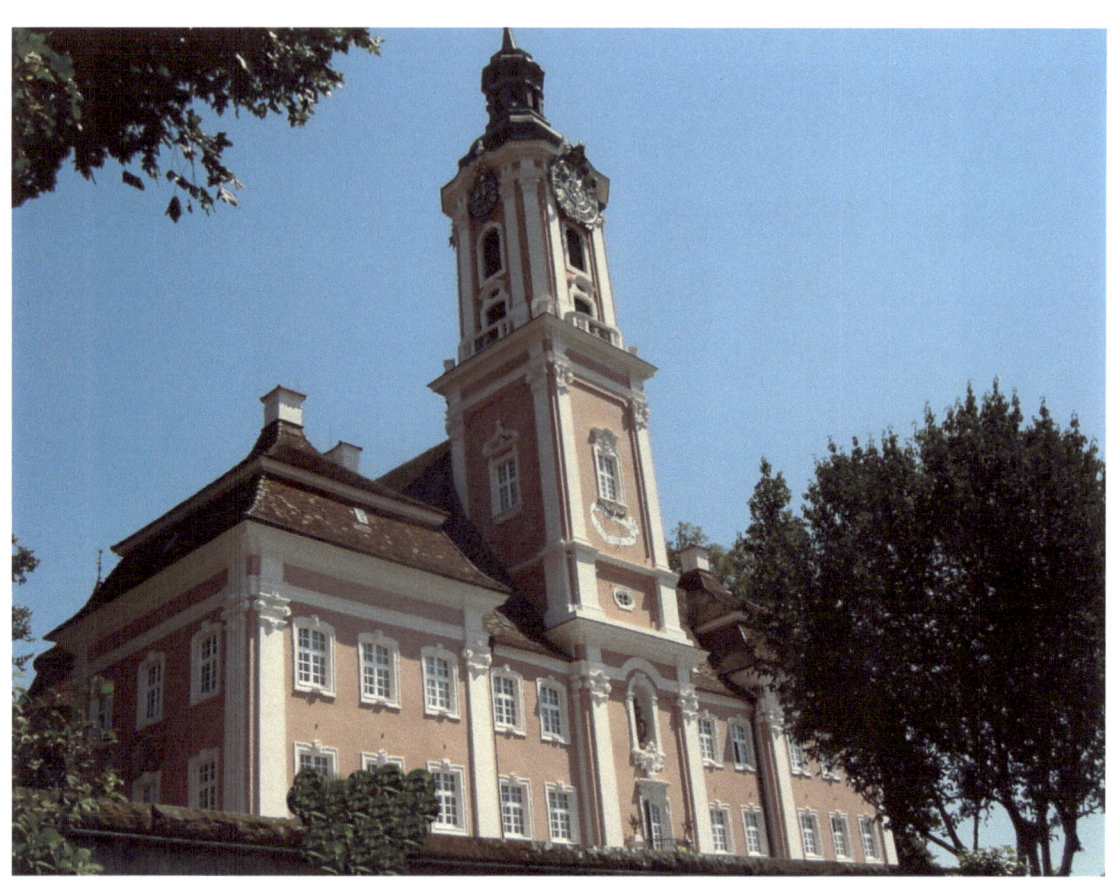

Das Meisterwerk

Die Ausstattung der Wallfahrtskirche Birnau

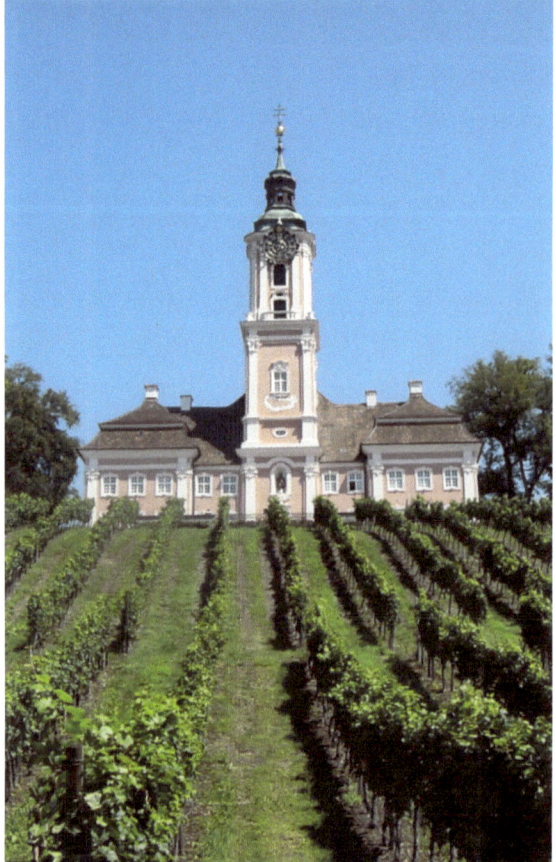

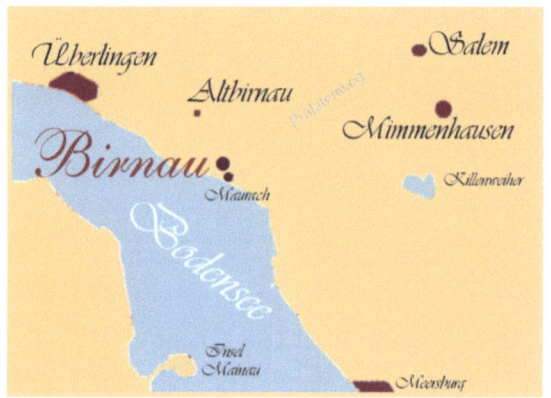

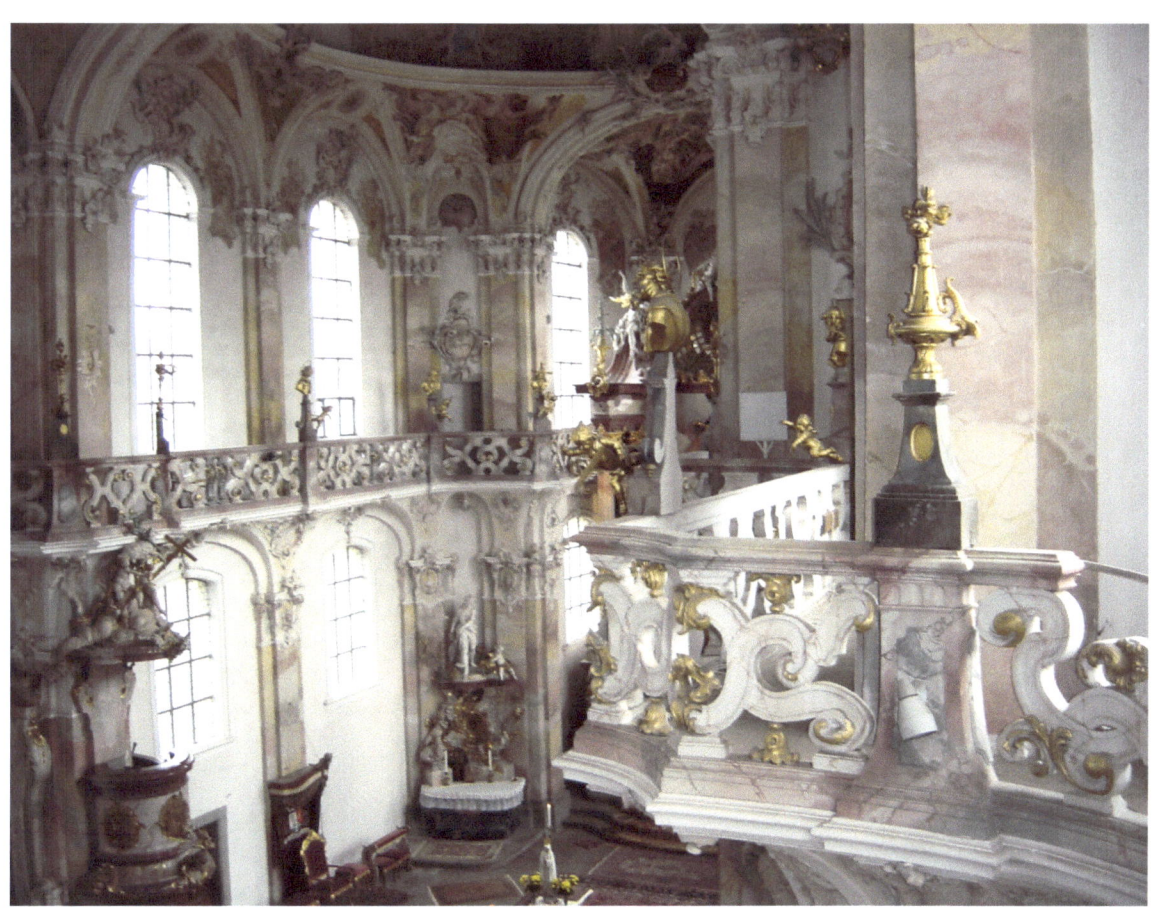

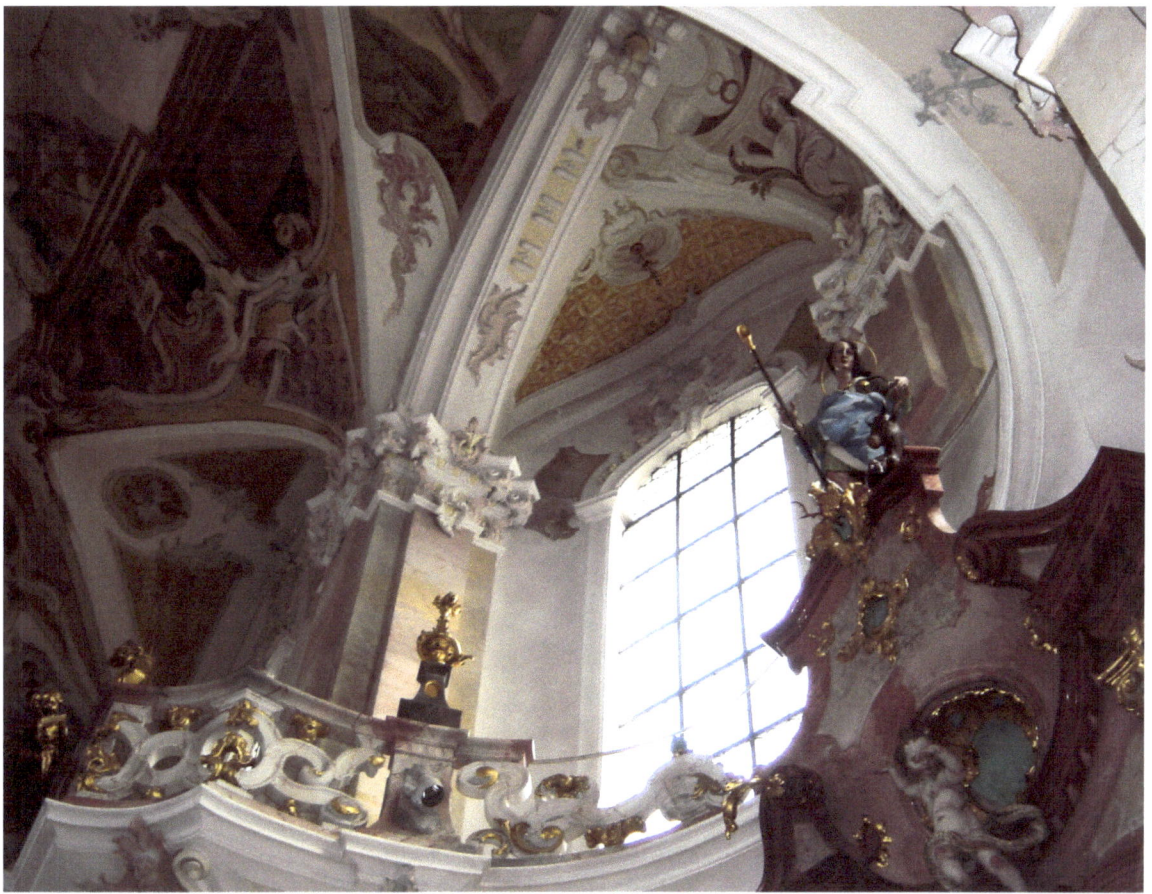

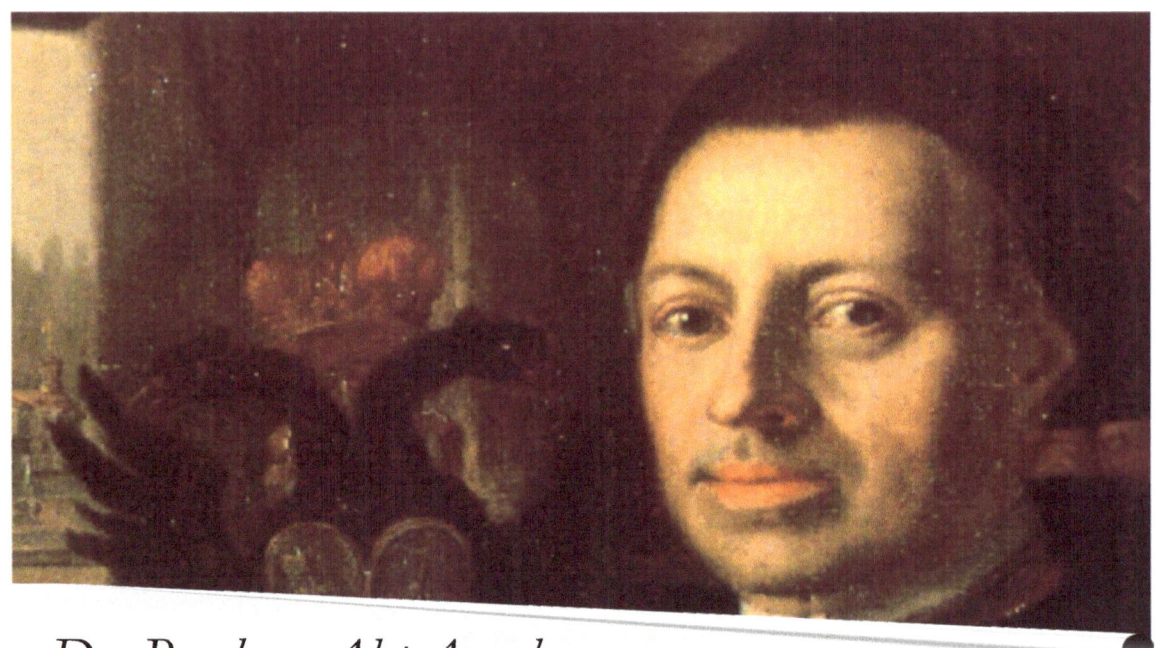

Der Bauherr Abt Anselm

Um das Verhältnis zwischen dem Abt und mir zu schildern, muss ich bis zu seiner Kindheit in Bayern ausholen. Abt Anselm wurde mit dem weltlichen Namen Franz Meinrad Schwab 17 Jahre nach meiner Geburt in Füssen am Lech geboren, nicht weit von meines Vaters Heimat Wessobrunn entfernt. Anselms Vater war ein angesehener, wohlhabender Kaufmann. Zeitweise bekleidete er das Amt des Füssener Bürgermeisters, ähnlich wie dies mein Stiefgroßvater in Schongau getan hatte. Franz Meinrad studierte zunächst an der Salzburger Universität Philosophie. In der dortigen Universitätskirche bewunderte er die großartigen Stuckarbeiten meines verehrten und berühmten Lehrers Diego Francesco Carlone. Als Anselm später erfuhr, dass ich bei diesem großen Meister die Kunst der Anfertigung von Glanzstuckfiguren gelernt hatte, steigerte das in seinen Augen meinen Wert und mein Ansehen.

Im Herbst 1731 trat Franz Meinrad mit 19 Jahren als Frater Anselmus in die Zisterzienserabtei Salem ein und studierte dort Theologie. Abt Konstantin Miller leitete in dieser Zeit die Geschicke des Klosters.

Ich war damals 35 Jahre alt und reiste von Mimmenhausen aus immer wieder nach Einsiedeln, wo ich zusammen mit Maestro Carlone an der Altarausstattung der Klosterkirche beteiligt war. Während meiner Aufenthalte zu Hause - seit einem Jahr bewohnten wir unser großes Haus - erledigte ich kleinere Aufträge für das Kloster Salem. Als angesehener Künstler gewann ich schnell Frater Anselms Aufmerksamkeit.

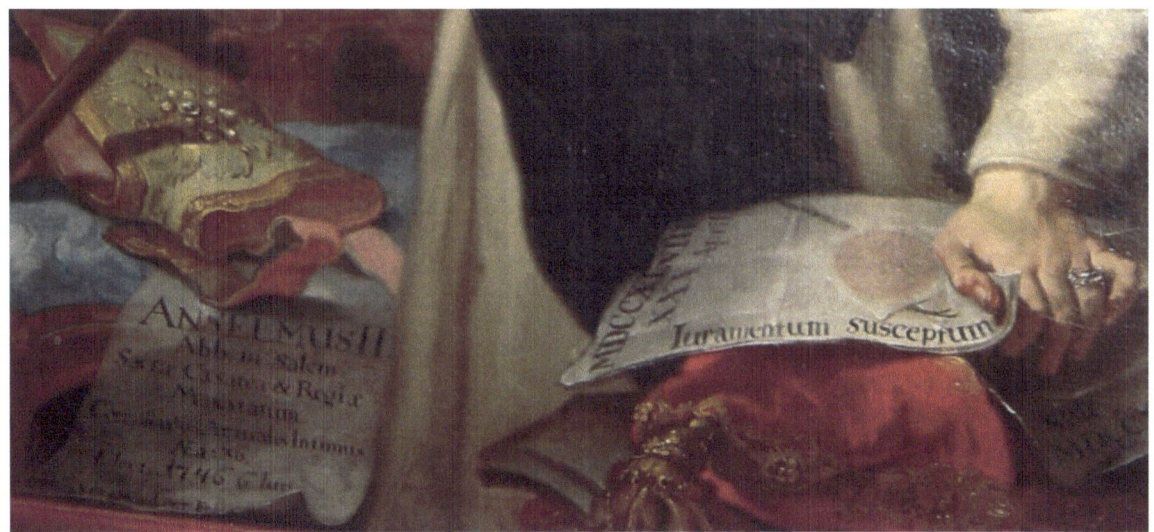

In der Hand hält Anselm die Ernennungsurkunde zum Abt. In der Urkunde daneben wird er zum wirklichen Rat der beiden Kaiserlichen Majestäten in Wien ernannt (Ausschnitt S. 45). S. 44, 45: G.B. Göz malt 1745 Stephan II. (li., Ausschn.), Abt des Klosters 1745-1746 und 1750 Anselm II. (re., Ausschn.), Abt 1746-1778. Anselm deutet auf die inzwischen erbaute Wallfahrtskirche Neubirnau.

Fünf Jahre nach seinem Eintritt ins Kloster wurde Anselm zum Priester geweiht. Schon bald übernahm er für die folgenden Jahre das Amt des Novizenmeisters. Abt Stephan II., der Nachfolger Abt Konstantins, starb schon nach einjähriger Amtszeit. Jetzt war für den erst 33jährigen Anselm der triumphale aber auch steinige Weg als Klostervorsteher der Reichsabtei bereitet. In einzigartigen Feierlichkeiten wurde er am 20. November 1746 in der Klosterkirche zum Abt geweiht. Zahlreiche bedeutende Kirchenherrn hielten an diesem Tag in Salem Einzug: Aus Meersburg kam der Fürstbischof mit seinem gesamten Hofstaat. In dem Festzug befanden sich fünf Domherrn, der Hofmarschall, der Oberjägermeister, die Hofkavalleristen, der fürstliche Kammerdiener und Offiziere. Es kamen Kammerlakaien, Tafeldecker, der Mundschenk, mehrere Kutscher und Vorreiter. Wir standen an der Straße und bejubelten den Festzug. Anschließend feierten wir in Mimmenhausen den Tag mit Straßenmusikanten, Tanz- und Trinkfesten.

Nachdem Anselm sein Amt als Vorsteher angetreten hatte, änderte sich im Kloster für die 70 meist hochgebildeten Mönche und damit auch für meinen Bruder einiges. Abt Anselm führte eine strenge, autoritäre Ordenszucht ein. Dazu gehörten Stillschweigen, strenge Fastenvorschriften, nächtliches Gebet und weniger Aderlässe, das Verbot von Tabak sowie Einschränkungen beim Heizen. Wir als Untertanen der Herrschaft Salem mussten uns an eine straffe Kirchen-, Sonn- und Feiertagsordnung halten.

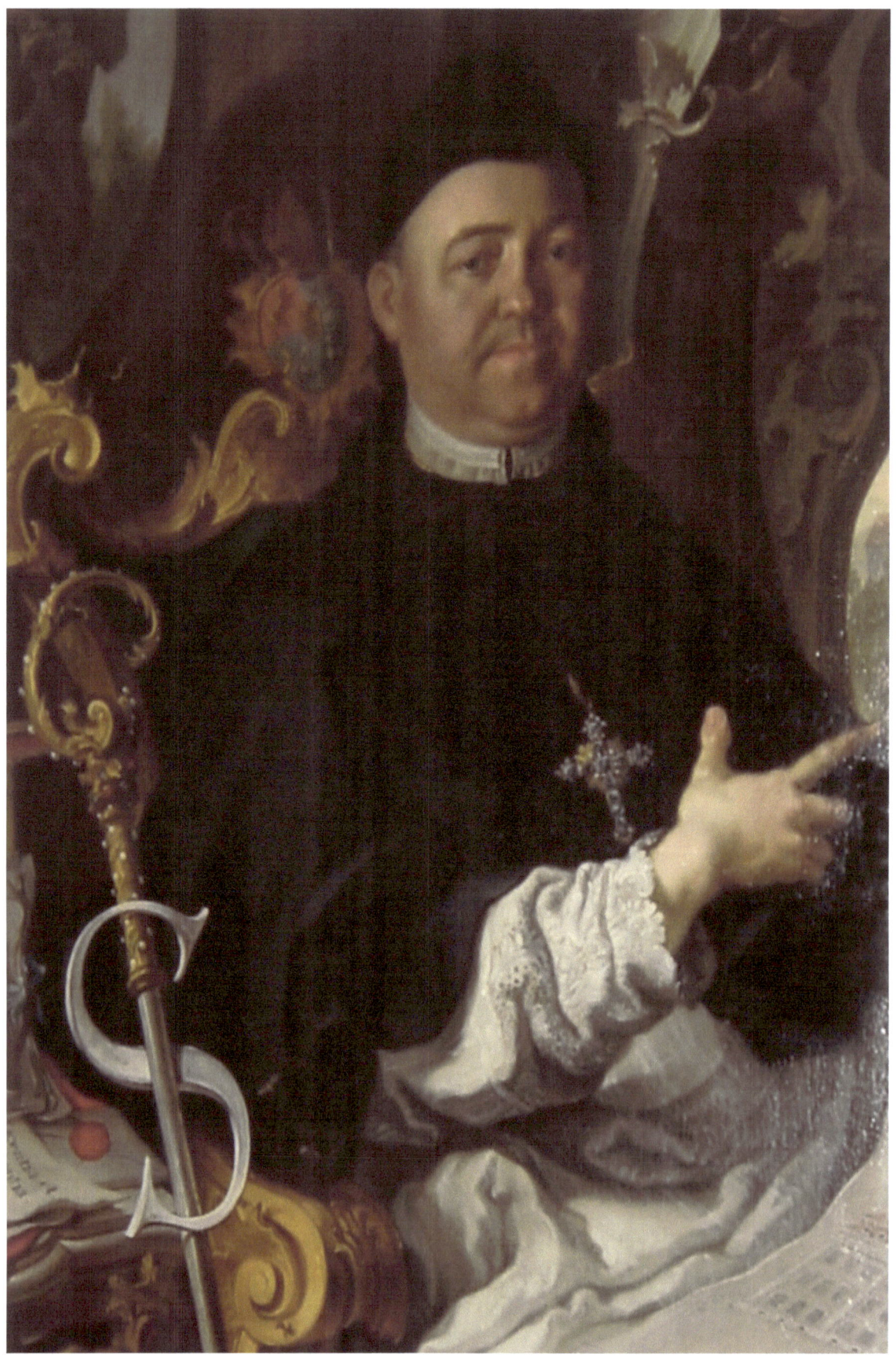

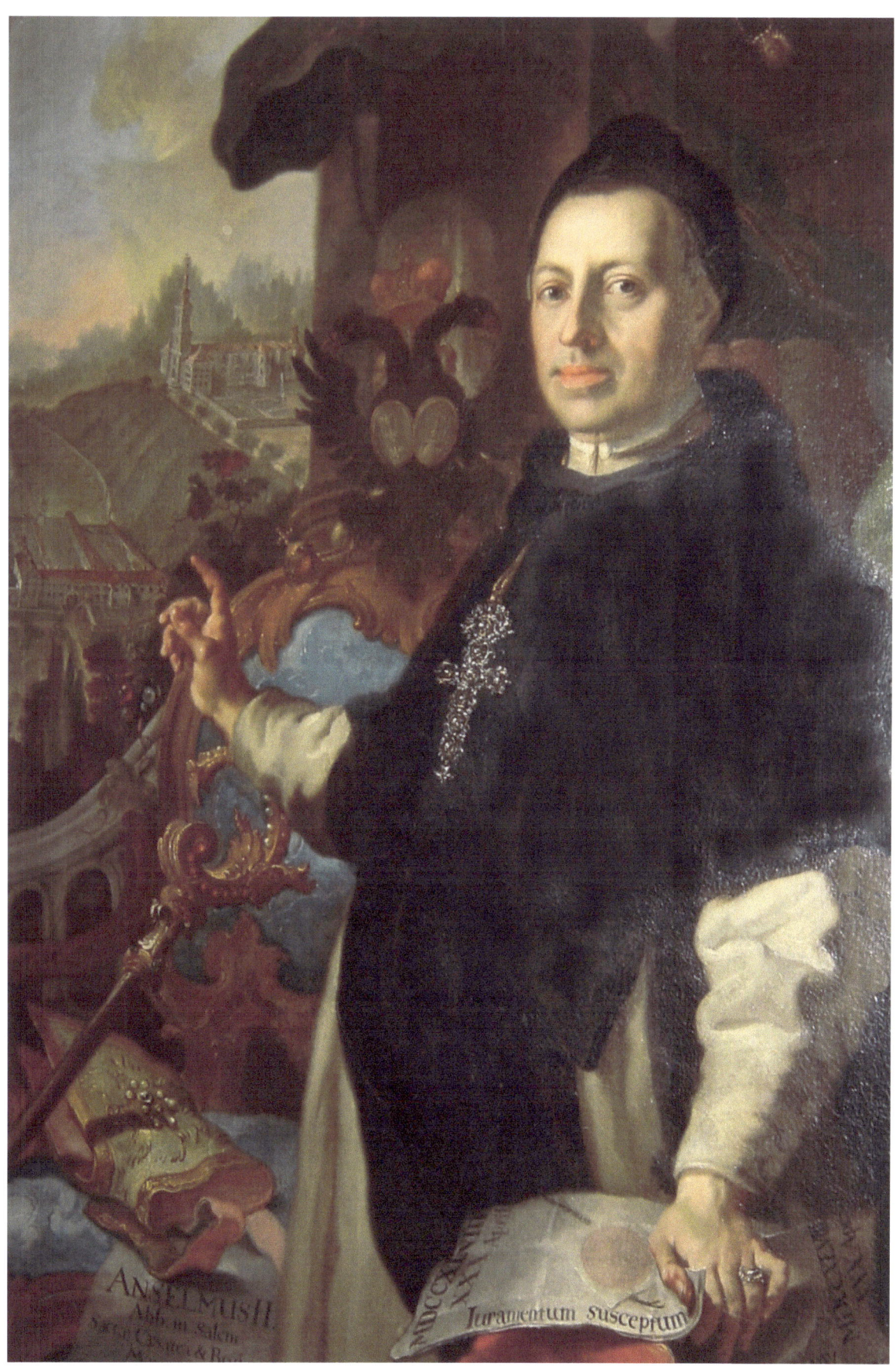

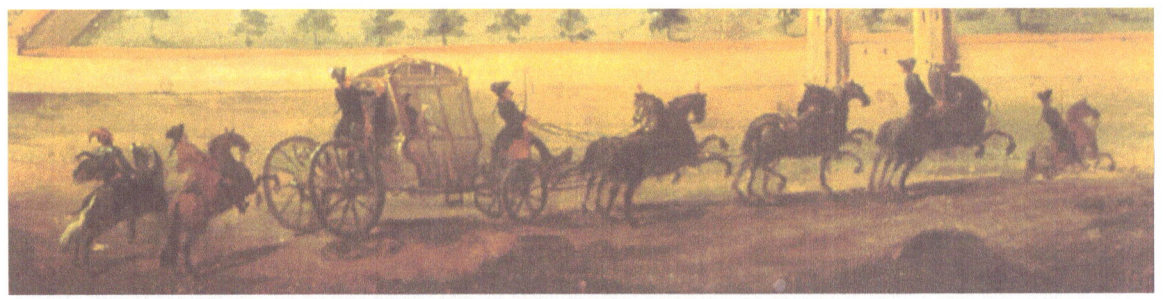

Anselm führte einen Lebenswandel gleich einem weltlichen Fürst, so, wie es sich für einen Reichsprälaten gehörte. Er residierte in der Prälatur, hatte eine Vorliebe für die Jagd und war ein entsprechend guter Reiter, besuchte Theateraufführungen und organisierte Gesellschaftsspiele. Er reiste sehr viel, mal nach Citeaux zur Tagung des Generalkapitels, dann nach Paris und nicht zuletzt als Berater an den kaiserlichen Hof nach Wien. Oft war ihm die Anstrengung ins Gesicht geschrieben. Zu Hause lag dem Abt die medizinische Versorgung der vielen Kranken, das Speisen der Armen und die Sorge für die zahlreichen Waisenkinder am Herzen. Für sie gründete er die berühmte *"ordentliche Waisenkasse"* (die Geburtsstunde der deutschen Sparkasse). Anselm war ehrgeizig und bemühte sich um politische und kirchliche Ämter. Welch stolze Miene trug *"Excellentissimus"*, als zwei Jahre nach seiner Abtswahl in der Klosterkirche bekannt gegeben wurde, dass unser Abt zum *"wirklichen Kaiserlichen Geheimen Rat"* von Kaiser Franz und Kaiserin Maria-Theresia ernannt worden war. Was für eine Ehre für unser Kloster und das gesamte Reichsgebiet! Zum Ausdruck dieser Würde trug Anselm von da an bei offiziellen Anlässen eine Perücke. Für die Mönche war dies etwas Befremdliches, da ein Abt mit Perücke ein ungewöhnlicher Anblick war. Auch bevorzugte "Excellentissimus" vor seiner Kutsche sechs Pferde, obwohl seinem Stand als Reichsabt eher vier Pferde entsprochen hätten.

Ich hatte damals das Glück, in Anselms Gunst zu stehen. Er schätzte mich sehr. Er wusste und betonte immer, dass ich ein *„ehrlicher Bürger und ein erfahrener Bildhauer mit feinem Gusto"* sei. Es war ihm bewusst, dass er *"eine vergleichbare Qualität an Kirchenfiguren und Altären schwerlich haben konnte"*. Etwas jedoch schätzte er besonders an mir: Ich war schon immer vermögend und somit auf hohe Bezahlungen nicht angewiesen. Seine wohl gemeinte, doch übereifrige Sparsamkeit versagte ihm zuweilen die angemessene Entlohnung der in seinen Diensten stehenden Malern, Bildhauern oder Architekten. So gab es wegen der Löhne mit den Künstlern und Handwerkern immer wieder Verhandlungen, ja, es kam deswegen sogar zu Streitigkeiten.

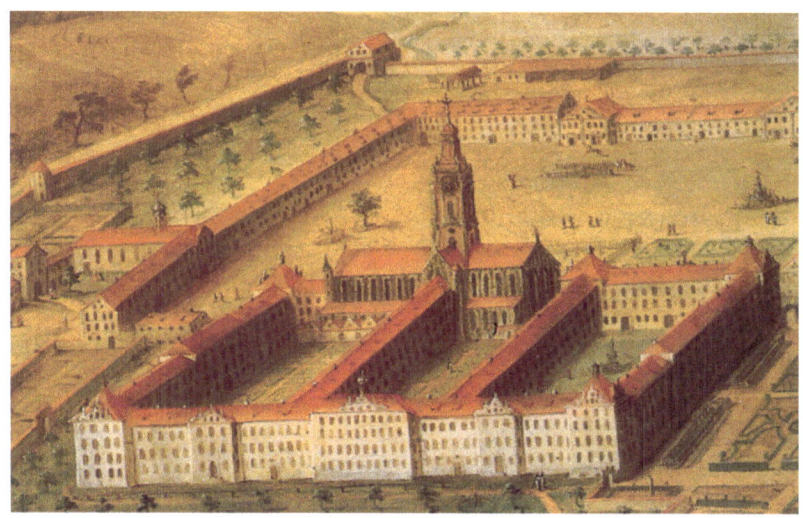

Allein ein Johann Caspar Bagnato, Architekt des Deutschen Ritterordens, ließ nicht mit sich handeln, auch wenn der Verhandlungspartner der bedeutende Reichsabt war. Und wenn es sich um ein so heikles Thema wie den Turmbau des Salemer Münsters handelte, musste auch Abt Anselm klein beigeben. Aber der Reihe nach: Als der Dachreiter des Münsters einsturzgefährdet war, plante Anselm, zwei Westtürme zu errichten. Doch damit verstieß er gegen die Regeln seines Ordens. Um dem Gebot nach Armut und Bescheidenheit Ausdruck zu verleihen, verzichten die Zisterzienser bei ihren Kirchenbauten auf die sonst ein Kloster überragenden, prunkvollen Westtürme. Ein schlichtes Türmchen über der Vierung der Kirche, der sogenannte Dachreiter, beherbergt die Glocken. Nachdem Anselm von Seiten des Mutterklosters in Citeaux und auch von Seiten seiner eigenen Mönche aufgrund der geplanten Westtürme Gegenwind bekam, entschloss er sich, einen neuen Turm über der Vierung zu bauen. Seinen Gegnern zum Trotz sollte dieser aber 60 m hoch werden - und damit die Bedeutung der Reichsabtei veranschaulichen. Anselm konsultierte Feuchtmayer nach einem geeigneten Architekten. Dieser empfahl ihm den *"erfahrenen, wenn auch kostspieligen Baumeister Johann Caspar Bagnato"*. Feuchtmayer hatte mit diesem bedeutenden Architekten schon in den 30er Jahren des 18. Jahrhunderts auf der Insel Mainau und in Merdingen bei Freiburg zusammen gearbeitet.

Später trafen sie sich beim Umbau des Benediktinerklosters St. Gallen wieder. Obwohl Feuchtmayers Altarbauten in der Kirche auf der Mainau von Bagnato heftig kritisiert wurden und er diese daraufhin umbauen musste, wusste der Bildhauer um dessen Qualitäten als Architekt. Auch Feuchtmayer hatte Erfahrungen im Ingenieurswesen und konnte so die Schwierigkeiten bei diesem Turmbau voraussehen. Da die Gestaltung eines Turms von großer Bedeutung für den Regenten war, konnte der Turm Anselm *"zu Ehren aber auch zu Unehren gereichen"*. Hinzu kamen die statischen Probleme des 60 m hohen Aufbaus mit einem entsprechenden Geläut über einer Vierung, die bisher ein kleines Türmchen mit einer Glocke getragen hatte. So empfahl Feuchtmayer dem Abt den Baumeister Bagnato. Denn so schrieb er Anselm *"wenn nicht ein rechter Mann die Sach kommandiert, so will jeder die Sach kommandieren, vor allem die, die es doch gar nicht verstehen. Dabei handele ich nicht in meinem oder Bagnatos Interesse, sondern möchte der Ehre Gottes und seiner Exzellenz, meinem ehrwürdigen Abt, dienen und ihm Sorgen und Schaden ersparen. Denn im Zweifel ist Qualität besser als Billiges."* Bagnato bekam daraufhin den Auftrag. Der Turm wurde Anfang des 19. Jahrhunderts wieder abgerissen.

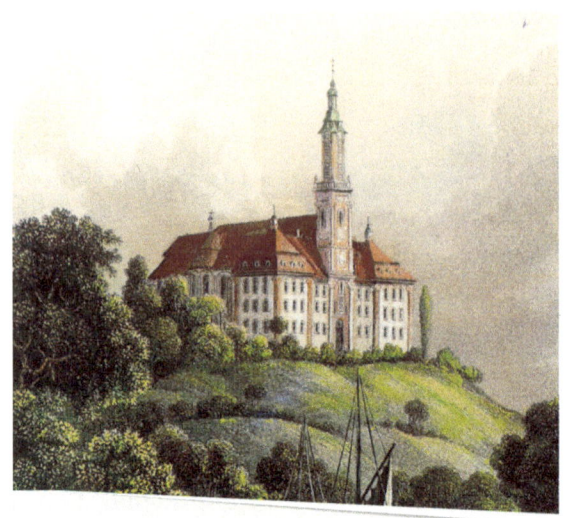 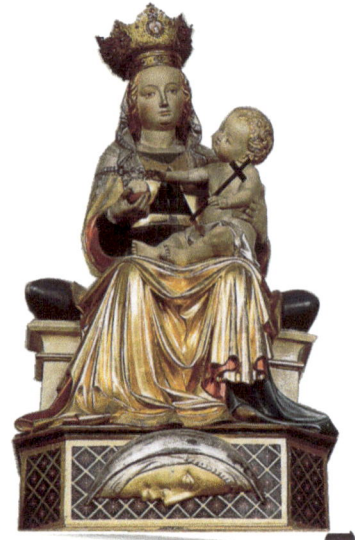

Anselm war Reichsabt und Berater des Kaiserhauses. Wir, die Bewohner von Mimmenhausen, als seine Untertanen, waren stolz auf unseren Herrn. Wir wollten seine Macht sehen und begreifen. Anselm seinerseits wollte und musste sein Ansehen nicht nur seinem Volk zur Schau stellen. Er hatte die Pflicht, gegenüber den kirchlichen und weltlichen Institutionen sowie gegenüber dem Kaiserhaus in Wien standesgemäß aufzutreten. Als Reichsabt musste und wollte er repräsentieren. Die Kunst ist ein wichtiges Mittel zur Repräsentation. Ich hatte die bedeutende Aufgabe, die Kunst für Anselms politisches und gesellschaftliches Ansehen zu schaffen. Denn der Abt hatte mich zu seinem künstlerischen Berater erwählt. Meine fundierte Ausbildung, meine individuellen, temperamentvollen Werke sowie mein Wohnort Mimmenhausen bildeten die idealen Voraussetzungen. Unsere Ausgangslage zur Veranschaulichung von Anselms Macht war von Anfang an denkbar günstig. Das Repräsentationsprojekt lag greifbar vor uns: Der Neubau der Wallfahrtskirche Birnau. Die zum Kloster gehörende Wallfahrtskirche Altbirnau lag als Enklave im Gebiet der Reichsstadt Überlingen. Reges Treiben herrschte in dem Überlinger Wirtshaus neben der Kirche. Viele hielten das Gasthaus für einen *"Schlupfwinkel für liederliches Gesinde und ledige Leut"*. Zu dem Bildnis unserer verehrten Mutter Gottes dagegen strömten fromme Pilger, um Buße zu tun oder Ablass zu gewinnen. Die kleine Kirche konnte dem Andrang schon lange nicht mehr gerecht werden. Mehrere Vergrößerungsprojekte von Seiten des Klosters hatten Streitigkeiten mit der Reichsstadt hervorgerufen. Als die Überlinger aufgrund der anstehenden Umbauarbeiten auch noch handgreiflich wurden, kam das Fass zum Überlaufen. Der damalige Abt Konstantin plante ohne Wissen der Überlinger eine Verlegung der Wallfahrtskirche

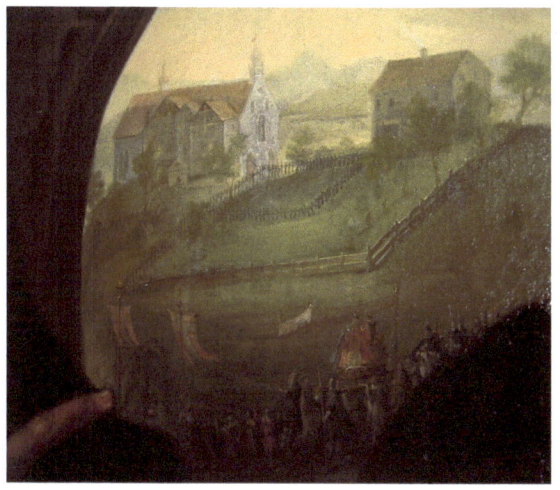 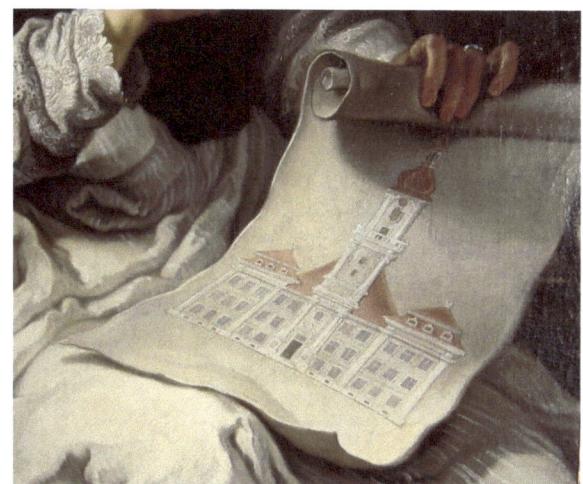

Ausschnitte aus dem Gemälde S. 44: li. Altbirnau, im Vordergrund die "Entführung" des Gnadenbildes nach Salem unmittelbar nach der Entweihung der alten Wallfahrtskirche. Re. Entwurf für die Fassade von Neubirnau. S. 48: li. Gnadenbild der Wallfahrtskirche Birnau.

Das Jahr 1746 brachte eine wichtige Entscheidung: Abt Stephan II. hatte seit einem Jahr die Nachfolge von Abt Konstantin angetreten. Er beschloss, die Wallfahrtskirche auf der Anhöhe oberhalb des klostereigenen Gutes Maurach neu zu erbauen. Es gab keinen Ort, an dem die Muttergottes die ankommenden Pilgerströme hätte besser empfangen können als hier, hoch über dem See. Gleichzeitig konnte die Kirche schon von weitem gesehen werden. Sie würde den See beherrschen und den von der langen Reise erschöpften Gläubigen würdig empfangen.

Unter der Leitung von Abt Stephan wurde eine Baukomission gebildet, der Anselm, damals noch als Novizenmeister, angehörte. Aufgrund seines diplomatischen Geschicks wurde er im Frühjahr des Jahres 1746 in geheimer Mission nach Konstanz geschickt, um den Abbruch der alten Kirche und die Transferierung der Wallfahrtsstätte zum geplanten Ort vom Bischof genehmigen zu lassen. Daraufhin *"entführte"* ein feierlicher Zug mit 2000 Menschen unter militärischer Bewachung das Gnadenbild der Maria nach Salem, um es für die Dauer der Bauzeit vor radikalen Überlingern zu schützen. Bald darauf starb völlig unerwartet, nach kurzer Krankheit und nur einjähriger Amtszeit Abt Stephan, gerade mal 45 Jahre alt. Anselm wurde zu seinem Nachfolger gewählt. Der neue Reichsabt wusste die Gunst der Stunde zu nutzen. Unter seiner Leitung sollte die neue Wallfahrtskirche entstehen. Wir erbauten in den folgenden Jahren Abt Anselms bedeutendstes Repräsentationswerk und gleichzeitig mein Meisterwerk. Dieses Projekt forderte unser ganzes Können, unsere volle Energie und jede Menge Ehrgeiz.

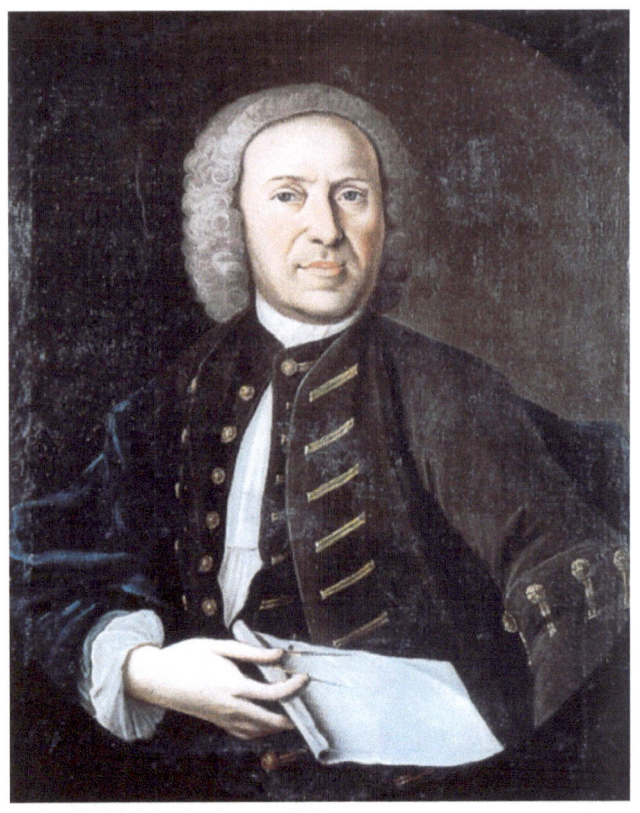

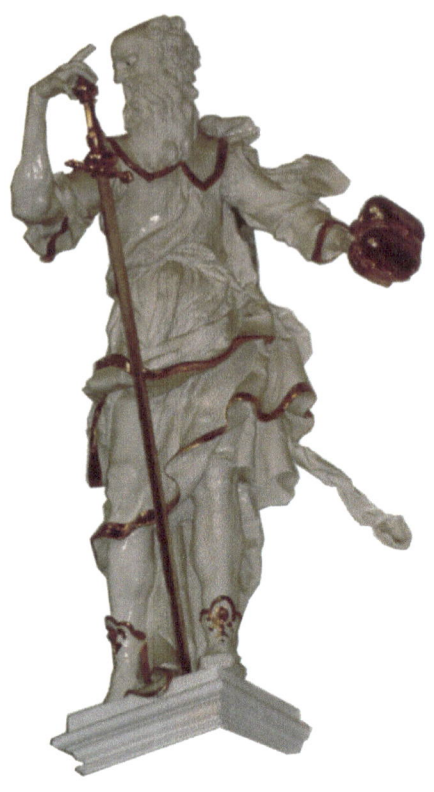

Peter Thumb

Der für den Neubau des Salemer Klosters verantwortliche Architekt Franz Beer war schon vor vielen Jahren gestorben. So wurde der ehrenwerte Meister Peter Thumb, Beers Schüler, Werkstatterbe und Schwiegersohn, noch von Abt Stephan um Pläne gebeten. Thumb stammte wie Beer aus Vorarlberg, genauer gesagt aus Bezau. Ich kannte ihn schon von der Baustelle der Klosterkirche St. Peter im Schwarzwald. Damals war ich Anfang dreißig. Thumb stand in den Diensten von diversen Zisterzienserklöstern und hatte sich dabei über den Schwarzwald hinaus bis hin zum Bodensee einen Namen gemacht.

Baumeister Thumb (li., Rosgarten Museum Konstanz) und Feuchtmayer arbeiteten in der Birnau und schon in den Jahren 1728-1732 in St. Peter im Schwarzwald zusammen. Der kunstsinnige Abt Ulrich Bürgi von St. Peter empfand die alte Kirche trotz umfangreicher Renovierungsarbeiten als "ruinös, eng und feucht" und beauftragte Thumb mit dem Neubau und den jungen Feuchtmayer vom Bodensee mit dem Meißeln der Steinfiguren an der Fassade und der Herstellung der lebensgroßen Stuckfiguren.
Re: Stuckfigur von Feuchtmayer, Herzog der Zähringer, als deren Haus- und Grabkloster die Benediktinerabtei St. Peter im Jahre 1093 gegründet wurde. Sicherlich war Feuchtmayer mächtig stolz, denn es handelte sich um seinen ersten großen kirchlichen Auftrag für lebensgroße Stuckplastiken. Er führte die Arbeiten zusammen mit seinem Schwager und Gesellen Lucas Grathwohl aus.

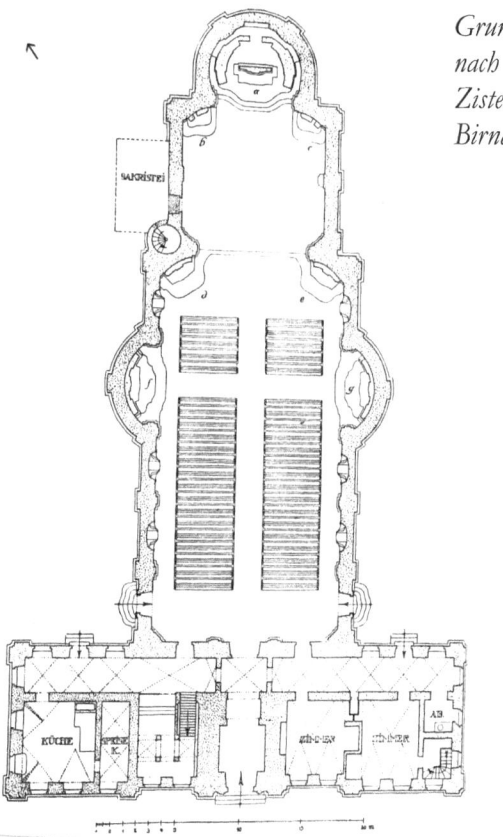

Grundriss der Birnau nach Hans Möhrle, Die Zisterzienser Propstei Birnau, 1920

Der Meister war für sein ausgeprägtes Pflichtbewusstsein, sein gewissenhaftes Engagement um die Aufträge sowie für sein baumeisterliches Können bekannt und so zu einem vermögenden Mann geworden. Als er mit seiner Familie aufgrund der guten Auftragslage an den Bodensee gezogen war, bezog er eines der prächtigsten Häuser von Konstanz. Es heißt, er hätte dafür weit über 2000 fl gezahlt. Zum Vergleich, mein Haus hat 600 fl gekostet.

Peter Thumb war ein Herr von imponierender Erscheinung. Er war immer bestens gekleidet und hatte ein auffallend höfliches Benehmen. Aufgrund seines stattlichen Vermögens - hier munkelte man, es würde sage und schreibe 15000 fl umfassen - wurde er in den großen Rat von Konstanz berufen und war Mitglied des Stadtgerichts.

Schon sieben Tage nach seinem Amtsantritt schloss Anselm den Vertrag mit dem inzwischen 65jährigen Baumeister. Doch wie ich bereits andeutete, musste man sich mit dem Abt auf harte Vertragsverhandlungen einstellen. Auch der ehrenwerte Herr Thumb blieb davor nicht verschont. Denn Anselm erachtete Thumbs Lohn kurz nach Vertragsabschluss für zu hoch angesetzt. Kurzerhand annullierte er diesen Vertrag und schloss im August einen neuen Akkord mit dem Baumeister ab. Der Abt setzte die Entlohnung von 7800 fl auf 6000 fl herab. Thumb hatte schon viel Energie und Zeit in diesen Auftrag gesteckt. Es blieb ihm nichts anderes übrig, als zu unterschreiben.

Baubeginn

Als Thumbs Entwürfe nach mehreren Veränderungen von der Baukommission genehmigt wurden, begannen seine Leute mit den Fundamentierungs- und Kellerarbeiten. Im Juni 1747 legte Abt Anselm in einer angemessenen Feierlichkeit den Grundstein. Von Seefelden, Überlingen oder über den See kommend, sah man das emsige Treiben auf der großen Baustelle. Riesige Gerüste wurden aufgebaut. Für das Bestellen und Liefern der Baumaterialien wie auch für das Besorgen von Werkzeugen war das Kloster zuständig. Aus Bregenz kamen die Schiffsladungen mit Steinen, Kalk und Gips. Die Abtei stellte zahlreiche Handlanger und Tagelöhner für die Hilfsarbeiten an. Nach Anselms Anordnung sollten sie möglichst aus der Salemer Herrschaft kommen.

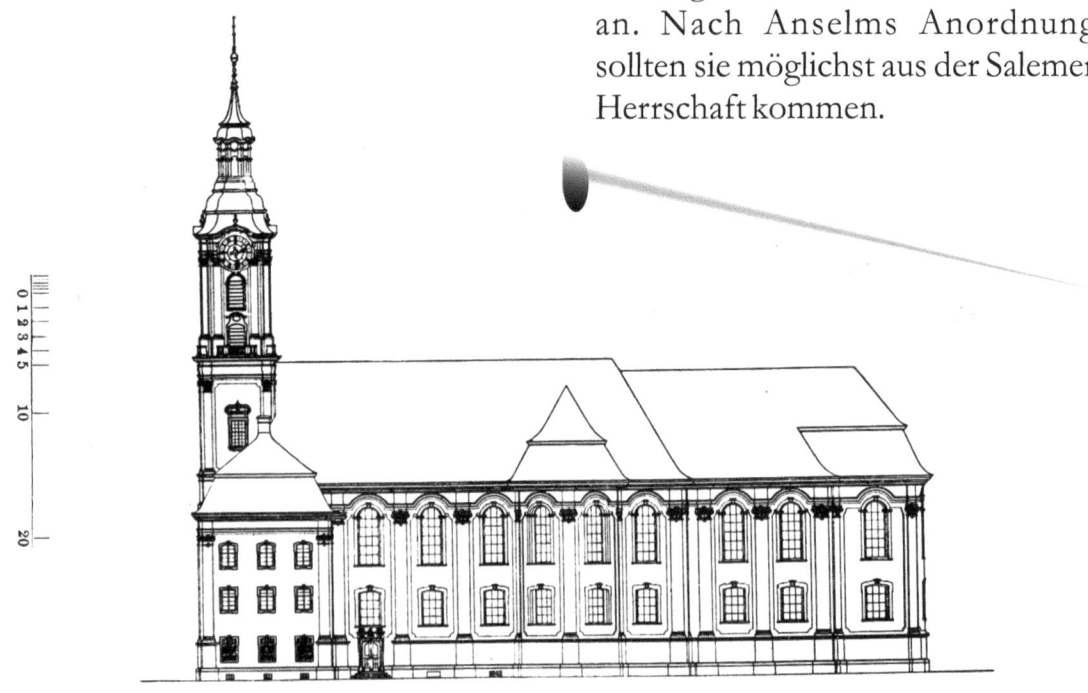

Querschnitt und Ostansicht der Wallfahrtskirche Neubirnau, gezeichnet von Hans Möhrle 1920

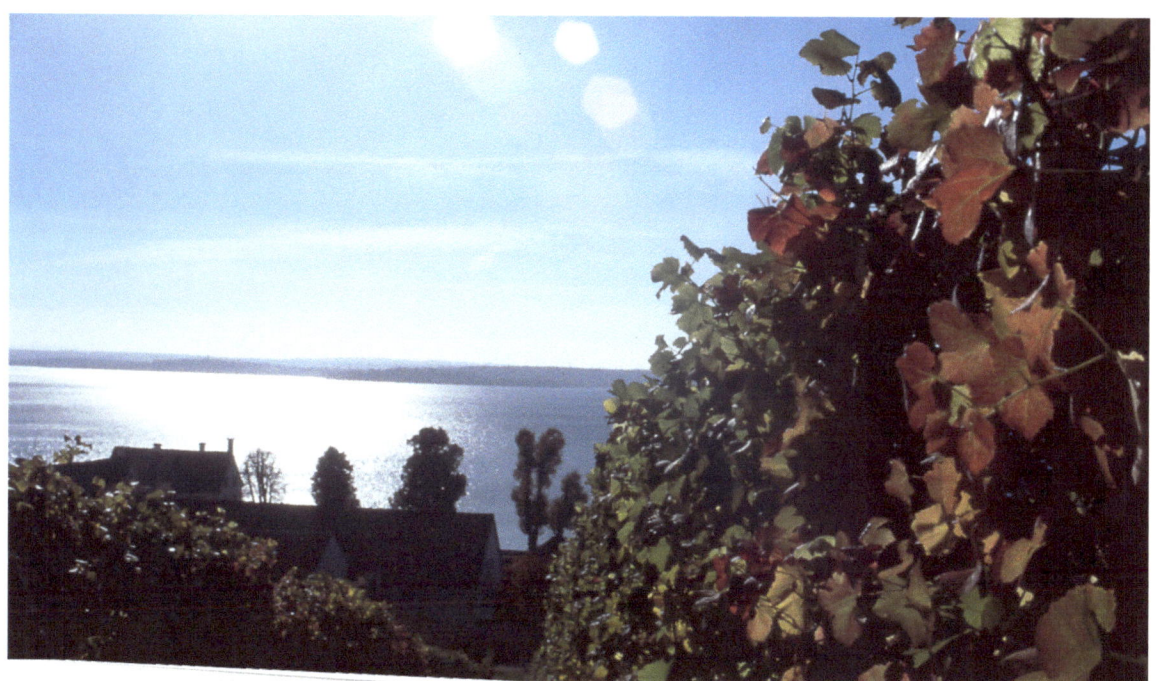

Peter Thumb kündigte seine Visite in regelmäßigen Abständen bei Abt Anselm an. Da er mit dem Schiff aus Konstanz kam, stellte ihm das Kloster in Meersburg oder Maurach ein Pferd zur Verfügung. Wenn er eine ganze Woche auf der Baustelle verbrachte, erhielt er, wie vertraglich vereinbart, *„täglich 1 ½ Maß guten Wein und zwei Gulden für die Verköstigung"*.

Besprechungen mit dem Abt fanden entweder vor Ort oder in Salem statt. Anselm diskutierte regelmäßig mit dem Baumeister über die Lohn- und Materialkosten, die er weiterhin für zu hoch angesetzt ansah. Der Abt hegte ein - in meinen Augen unbegründetes - Misstrauen gegen Meister Thumb. Dies ging soweit, dass er Personen einstellte, die die mit Material einlaufenden Schiffe und ihre Ladungen in Maurach zählen und mit den Bestellungen von Thumb vergleichen sollten.

Thumbs Sohn Michael war der Palier, der Bauführer, auf der Birnauer Baustelle. Er war immer anwesend und wohnte mit den Gesellen und Lehrlingen in Maurach. Das Kloster richtete ihnen ein Lager mit Liegen ein und sorgte dafür, dass eine Feuerstelle zum Kochen und Backen zur Verfügung stand. Gemüse, Fisch und Fleisch wurden ebenfalls vom Kloster gestellt. Ein Bursche war für das Zubereiten der Mahlzeiten zuständig.

Privat wurde Peter Thumb während der Bauzeit der Birnau vom Schicksal hart getroffen. Innerhalb kürzester Zeit starben seine beiden Töchter und sein Schwiegersohn. Sie hinterließen zahlreiche unmündige Kinder. Thumb übernahm von da an die finanzielle Unterstützung des verbliebenen, wenig lebenstüchtigen Schwiegersohns und seiner Enkel.

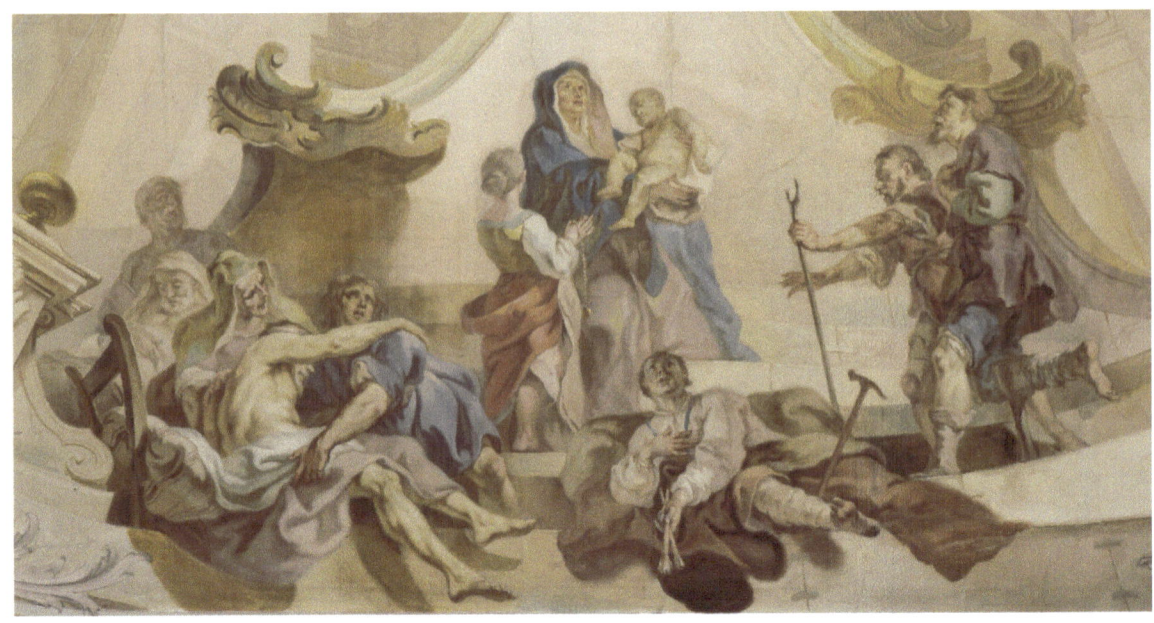

Göz erhielt im Jahre 1744 von Kaiser Karl VII. den Titel "Kaiserlicher Hofmaler- und Kupferstecher", da er ein Thesenblatt mit dem Porträt des Kaisers angefertigt hatte. Mit diesem Titel erhielt Göz wichtige Freiheiten gegenüber dem strengen Augsburger Zunftleben. Vor allem durfte er seine Kunst auch außerhalb der Stadt im gesamten Hl. Römischen Reich öffentlich betreiben. Göz malte sich an die Decke von Neubirnau mit gebrochenem Bein als Maler, kauernd bei Armen und Bettlern. Sein feiner Humor und seine Ironie sind nicht zu übersehen.

Gottfried Bernhard Göz

Meister Göz stand seit mehreren Jahren in Kontakt mit dem Kloster Salem. Der berühmte Augsburger Goldschmied Thaddäus Lang, Patenonkel von Göz`Sohn Franz Regis, hatte schon Abt Konstantin auf den Maler aufmerksam gemacht. Er vermittelte ihm im Jahre 1738 den Auftrag, Konstantin zu porträtieren. 1745 malte Göz Abt Stephan II. und schließlich auch Abt Anselm. Göz und ich hatten zuvor in der Meersburger Schlosskapelle, in der Klosterkirche von Habsthal bei Sigmaringen und in der Martinskapelle in Nenzingen bei Stockach zusammen gearbeitet. Der Meister malte die Deckengemälde in der Birnau in schwindelerregender Höhe mit vier Gesellen und seinem 11jährigen Sohn. Sie übernachteten während ihres Aufenthalts ebenfalls in Maurach.

Göz wurde in Mähren geboren, ging in Brünn in die Lehre und hatte das Bürgerrecht in Augsburg erworben. Er wohnte dort in einem bescheidenen Haus, war aber ein begehrter Maler. Mit seinen 40 Jahren war Göz der Jüngste von uns drei Werkstattleitern auf der Birnauer Baustelle.

Wir waren Freunde, es war Sommer, wir saßen, soweit es unsere spärliche freie Zeit erlaubte, zusammen am See. Göz ist ein gebildeter Mann. Er besuchte einst das Gymnasium und konnte Latein in Wort und Schrift. Es verband uns unsere Vorliebe für die italienische Kunst. Unsere Lehrer hatten beide in Rom gelernt und zahlreiche Materialien und Motivschätze an uns weitergegeben. Wir diskutierten oft über die perspektivischen Darstellungen von menschlichen Körpern oder architektonischen Elementen mit Hilfe von Verkürzungen und geometrischen Konstruktionen. Dabei konsultierten wir mit Vorliebe das wertvolle Buch von Andrea Pozzo.

Göz war ein Verehrer meiner Kunst. Immer wieder bezeichnete er meine Stuckarbeiten als *"unvergleichlich schön"*. Wir unterhielten uns über unseren gemeinsamen Arbeitgeber und sein strenges, sparsames Wesen. Denn nicht nur Peter Thumb, sondern auch Göz bekam Vorhaltungen vom Abt, zuviel Geld für seine Arbeit zu verlangen. Doch Gottfried Bernhard Göz war selbstbewusst und er wehrte sich. Wütend schrieb er Anselm, dass ihm in Anbetracht des Vertrages *„schon von Anfang an vor der Arbeit in Neubirnau gegraut hat"* und dass andere Arbeitgeber, wie zum Beispiel die Jesuiten, für dieselben Leistungen kommentarlos seinen Lohnforderungen nachkommen würden. Doch Anselm ließ sich durch das Aufbäumen des Malers nicht beeindrucken. Göz erhielt für die Ausmalung von Neubirnau 2000 fl, obwohl er mehrere Monate daran gearbeitet hatte. Entrüstet beschwerte sich Göz bei mir, dass ein Cosmas Damian Asam für acht Wochen Arbeit in Bruchsal mindestens das Fünffache

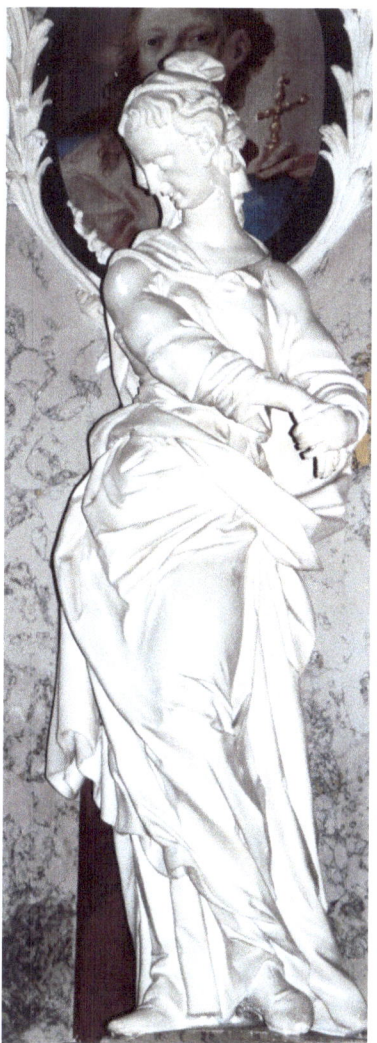

Feuchtmayers Maria aus Stuck vom Meersburger Hochaltar. Göz und seine vier Gesellen malten die Fresken in der Kapelle innerhalb von sieben Wochen. Feuchtmayer musste sich von Göz ein Gutachten über die verwendeten Farben anfertigen lassen, um die Pigmente des Stuckmarmors für den Hochaltar auf die Fresken abstimmen zu können.

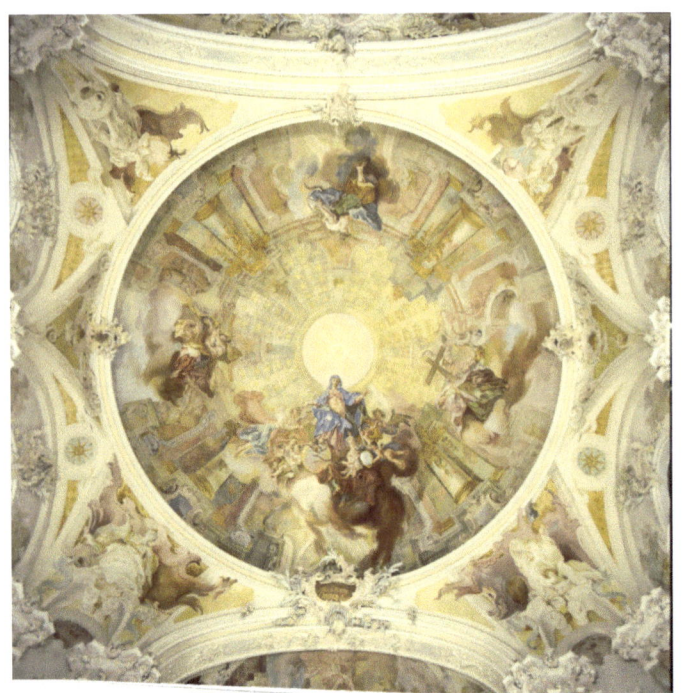

Im Fresko des nördlichen Langhauses in der Birnau zeigt Göz sein ganzes Können der illusionistischen Architekturmalerei. Er malt eine von Säulen getragene Kuppel mit einer Lichtöffnung, wie sie im Pantheon in Rom über 1500 Jahre zuvor erbaut wurde. In dieser Illusion thront Maria als apokalyptisches Weib über der Schlange und damit als Siegerin über das Böse und gleichzeitig als Mutter Gottes mit dem ungeborenen Jesuskind unter dem Herzen.

Die Stunden, in denen Göz und ich zusammensaßen, waren stets feuchtfröhlich. Denn der Meister trank mit Vorliebe guten Wein, oft ein Schlückchen zuviel. Er versicherte mir und äußerte dieselben Worte auch dem Abt gegenüber, dass seine *"Kunstgeister mit einem guten Glas Seewein umso besser bei der Arbeit erfrischt werden"*.

Göz ließ sich daher auch einen Teil seines Lohns in gutem Wein bezahlen. Anselm sah die Trinkgewohnheiten des Malers und seiner Gesellen mit Argwohn. Es stand ihnen laut Vertrag täglich nur ein Maß Wein zu. Die Malerwerkstatt erhöhte jedoch den Konsum auf das Drei- bis Vierfache. Zum offenen Streit zwischen dem Abt und Göz kam es, als der Maler Anfang des Jahres 1750 wieder einmal zu tief ins Glas geschaut hatte und sich auf der Neubirnauer Baustelle das Bein brach. Die folgenden fünf Wochen kam Göz nicht auf´s Gerüst. Er konnte nicht reiten und benötigte eine Kutsche mit zwei Pferden um sich fortzubewegen. Seine Frau reiste extra aus Augsburg an, um ihn zu pflegen.

Wäre Anselm nicht von den künstlerischen Fähigkeiten seines Malers überzeugt gewesen, hätte er ihn entlassen. So staunte er, wie Göz die Farben harmonisch mischte, die Illusion einer Kuppel technisch perfekt auf das Deckengewölbe von Neubirnau zauberte und Maria mit ihren Getreuen darin lebendig werden ließ. Anselm war bewusst, dass er einen hervorragenden Maler für wenig Geld engagiert hatte. Der Anblick der Malereien in seiner Wallfahrtskirche besänftigte den Abt und ließ den Streit mit seinem Maler in den Hintergrund treten.

Meine Werke in der Birnau

Als der Rohbau der Wallfahrtskirche stand, fertigte ich die Skizzen für die Innenausstattung an. Zuerst zeichnete ich die Entwürfe für die Stuckpilaster (flache Wandsäulen). Die Kapitelle (Säulenköpfe) verzierte ich mit Voluten, Blättern, kleinen Masken und Rocaillen. Peter Thumb hat, wie in der Tradition seiner Lehrer üblich, die um das Kirchenschiff umlaufende Galerie geplant. In St. Peter im Schwarzwald kann man von dort aus dem Gottesdienst folgen. Die Birnauer Galerie ist jedoch sehr schmal. Meine Aufgabe war es, die Form und die Farbe der Brüstung dem sakralen Raum anzupassen. Gleich einem Schmuckband sollte sie das Kirchenschiff zieren und die Gläubigen mit den Heiligen zu einer Gemeinschaft zusammenbinden. Damit die Fenster im Langhaus nicht verdeckt und die vorgelagerten Aufsätze der Kapellenaltäre optisch nicht beeinträchtigt werden, ist die Brüstung dort unterbrochen und dies in acht Metern Höhe.

Nachdem die Entwürfe von Abt Anselm und der Baukommission genehmigt worden waren, bestellte ich beim Kloster das notwendige Material für die Herstellung und Bearbeitung des Wand- und Fensterstucks: Blei, Blech, Draht, Kalk, Gips und Messingdraht. Die Materialkosten betrugen 2000 fl. Für die Herstellung von 61 Kapitellen erhielt ich 800 fl. Davon musste ich meine Gesellen bezahlen, die den Säulenschmuck in meiner Werkstatt in Mimmenhausen angefertigt haben.

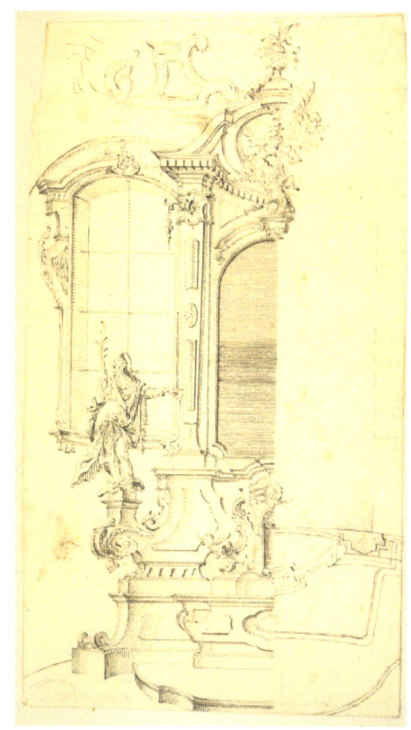

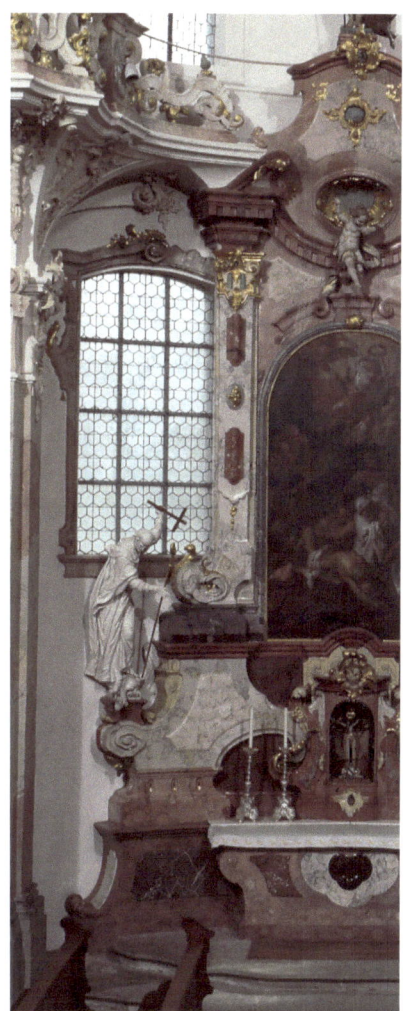

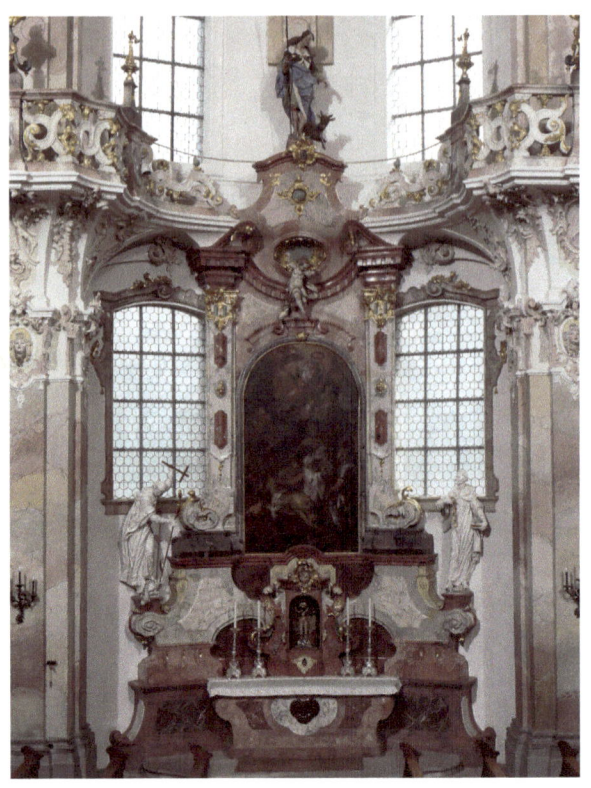

Feuchtmayer war im Innern der Kirche für die Gestaltung der Innenarchitektur, der Altäre und der Stuckfiguren zuständig. Links: Kapellenaltar; Unten: Entwurf und Ausführung des oberen Wand- und Fensterstucks (Entwurf heute in St. Gallen in der Stiftsbibliothek Bl. 17, Nr. 20, Z 57).

Vorangehende Seite: Entwurf zu den Kapellenaltären in der Wallfahrtskirche Birnau (Z 59) aus dem Jahre 1748 (heute in St. Gallen in der Stiftsbibliothek, Mappe Z 1, 2 Blatt 15). Bei der Ausführung (darunter) musste Feuchtmayer sich an die vorgegebene Architektur von Peter Thumb halten. Interessant ist die Haltung des heiligen Magnus. Feuchtmayer lässt den Heiligen mit dem Eintretenden kommunizieren. Der Heilige Magnus verbeugt sich hochachtungsvoll vor dem Pilger, der meist eine strapaziöse Reise hinter sich gebracht hat.

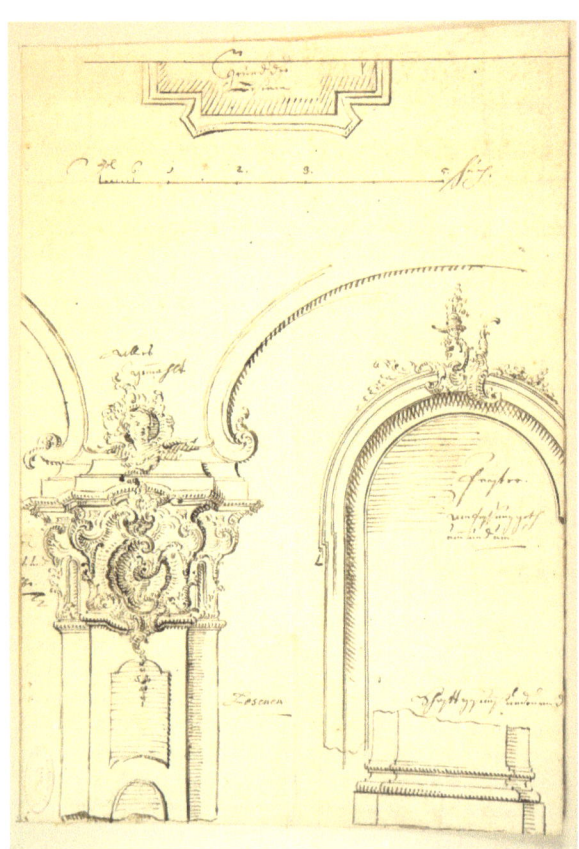
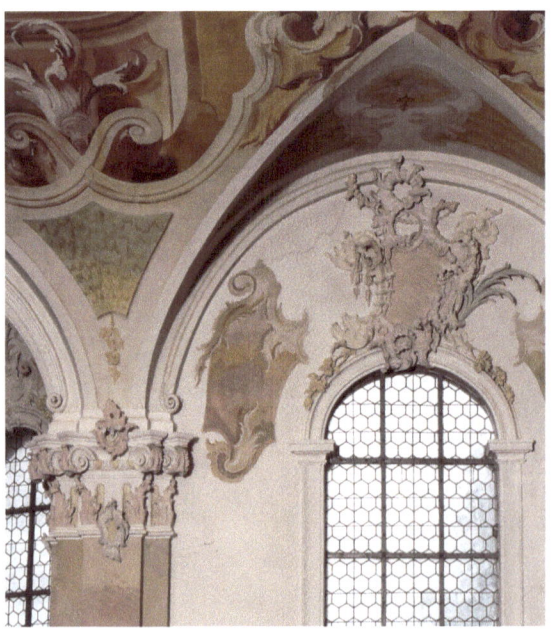

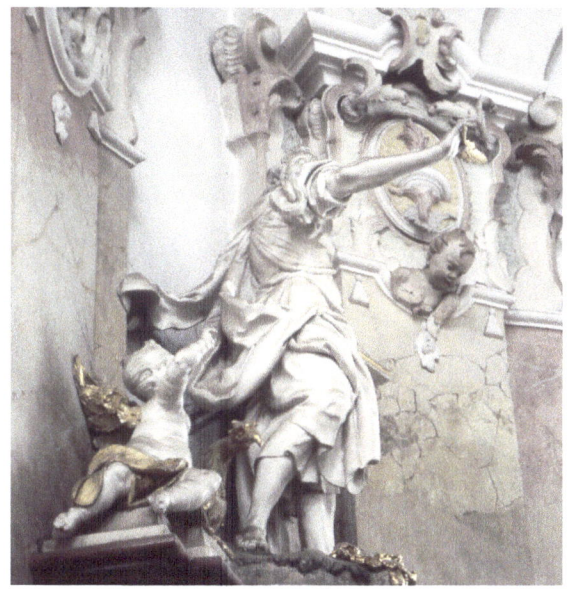
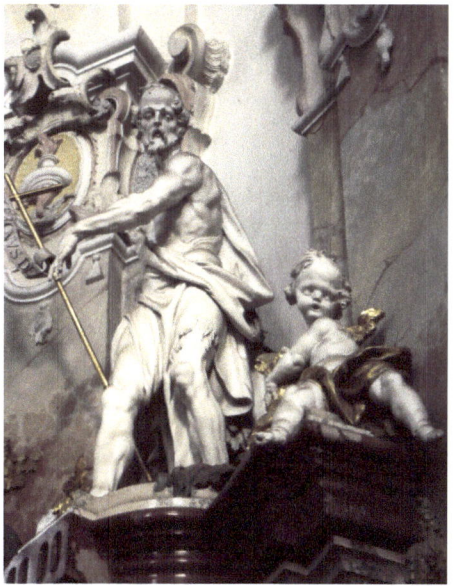

Feuchtmayer zeigt bei den Choraltären seinen Sinn für außergewöhnliche Altararchitektur. Denn die Stuckfigur übernimmt die Funktion und Position eines Altarbildes. Sie steht auf einer kleinen erhöhten Bühne, die mit pflanzlichen Motiven versehen ist. Dabei übernimmt der begleitende Putto Gestik und Bewegung seines Herrn.
Li.: Johannes der Evangelist
Re.: Johannes der Täufer
Der Honigschlecker am rechten Seitenaltar (re.) nimmt Bezug auf den im Altarbild dargestellten Hl. Bernhard von Clairveaux, Gründer des Zisterzienserordens. Seine Worte sollen so süß wie Honig geflossen sein. Das Ungewöhnliche an dieser Altararchitektur ist ihre asymmetrische Gestaltung.

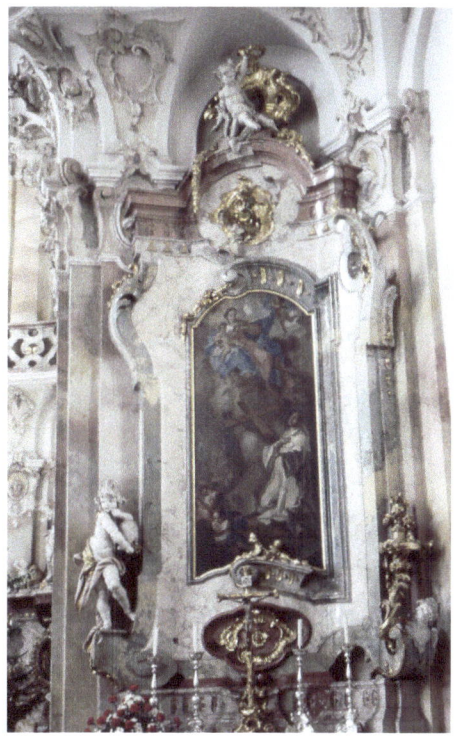

Nachdem die Gestaltung der Wand feststand und in Arbeit war, entwarf ich im Frühjahr 1748 die Kapellen-, Seiten- und Choraltäre. Ich legte meine Entwürfe Abt Anselm vor und wir besprachen mit Göz die Färbung des Stuckmarmors. Denn die Farben der Altäre, der Deckengemälde und der Altarbilder, die Göz ebenfalls in Auftrag bekommen hatte, sollten genau aufeinander abgestimmt werden. Für die Herstellung der Kapellen- und Seitenaltäre erhielt ich 1200 fl. Auch hiervon musste ich meine Mitarbeiter bezahlen.

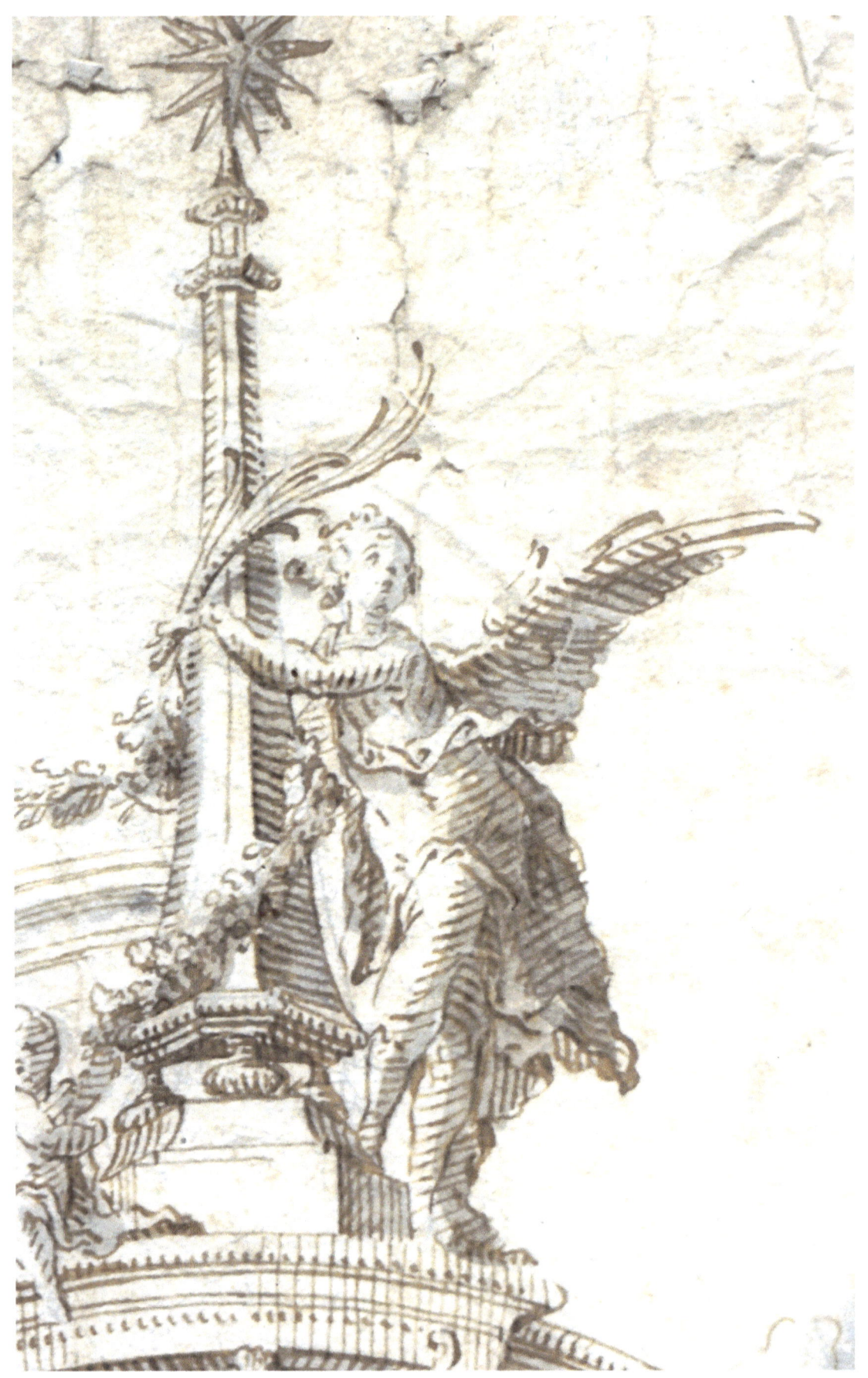

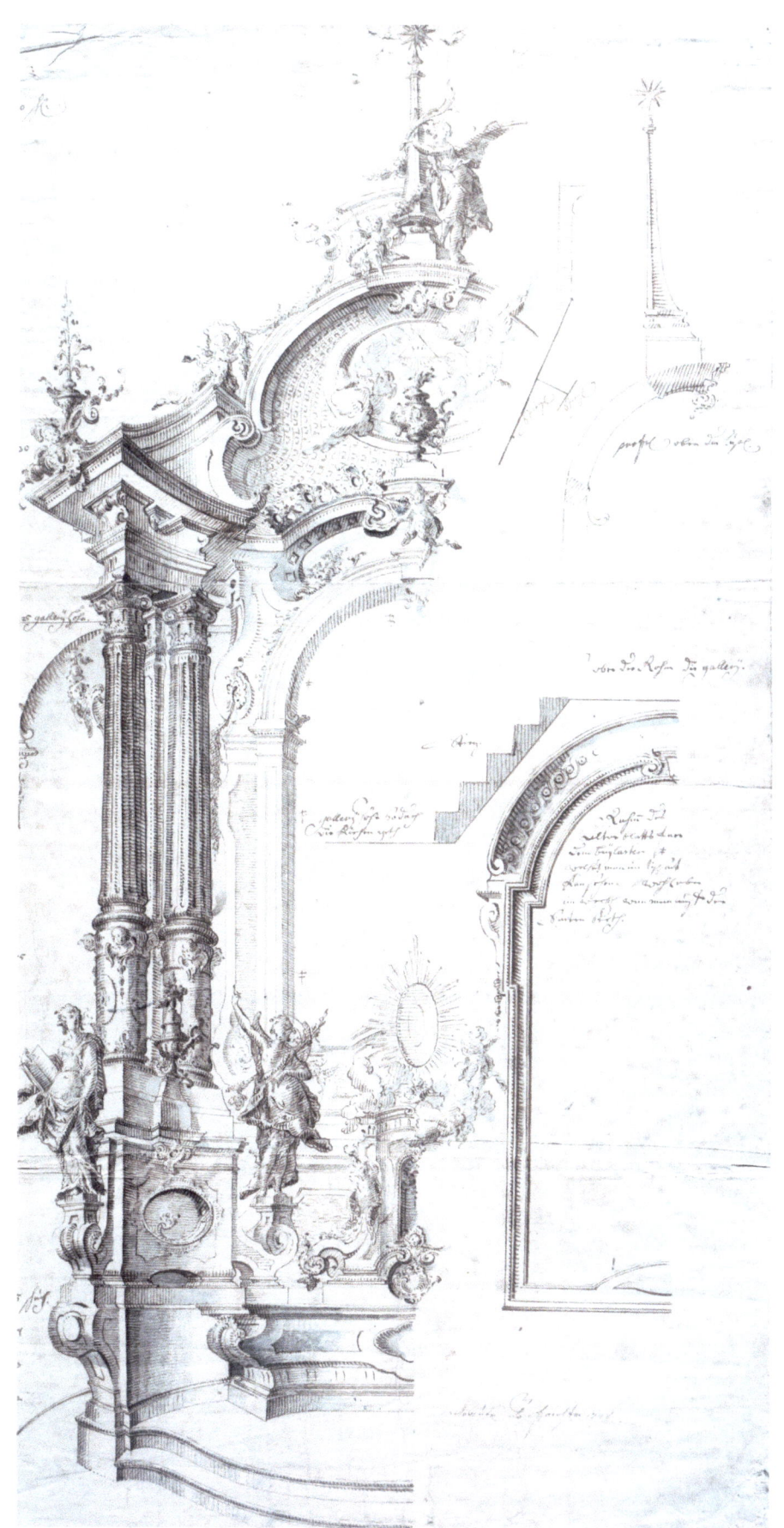

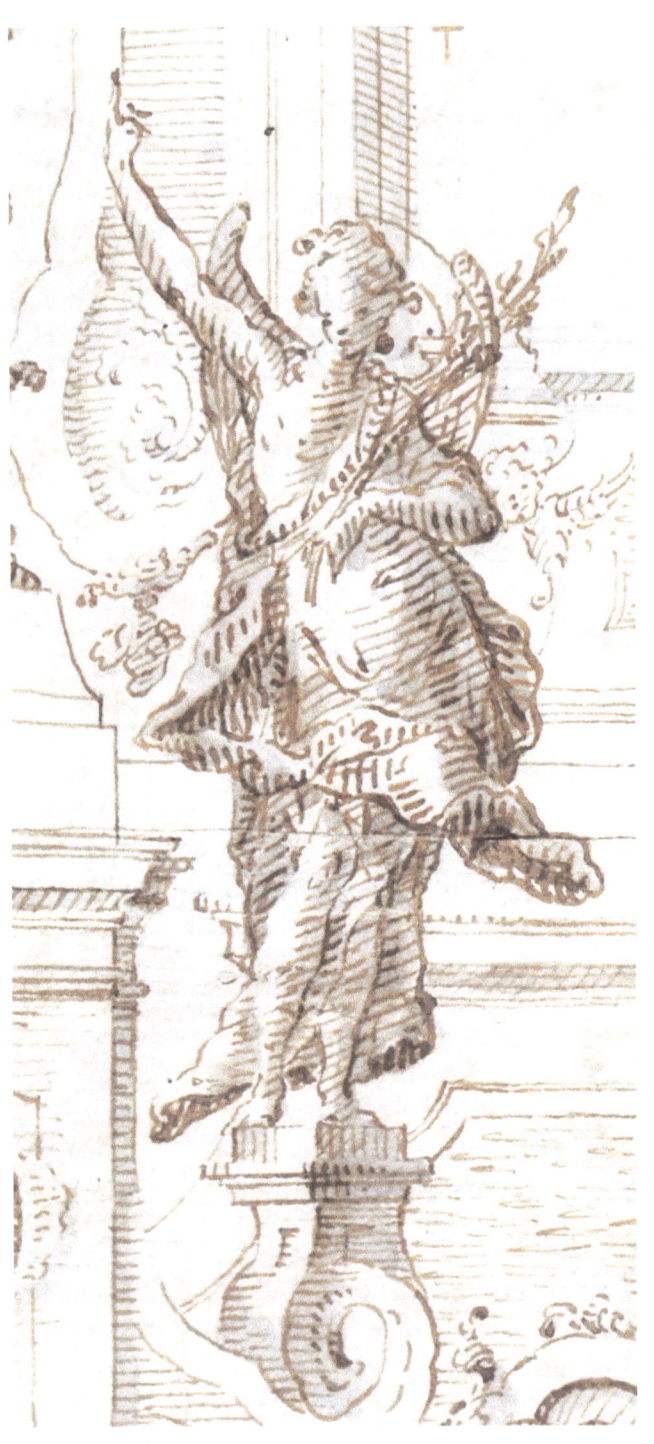

Der Hochaltar

Der Entwurf und die Ausführung des Hochaltars in der Birnau waren für Anselm und mich ein gleichermaßen ehrgeiziges Projekt. Ich stand auf dem Höhepunkt meines künstlerischen Schaffens und war mit meinen 53 Jahren ein Mann im besten Alter. Anselm war im Jahr zuvor zum wirklichen Rat der beiden kaiserlichen Majestäten ernannt worden. Er genoss höchste Ehren und trug sie entsprechend zur Schau.

Das über drei Jahrhunderte alte Gnadenbild der Jungfrau Maria (aus der Zeit um 1430) musste von einem neuen, prunkvollen Altarbau umgeben werden. Die Pilger sollten den Glanz und die Glorie des Hochaltares in die Welt hinaustragen. Seine Pracht in aller Munde zu preisen und die Aufmerksamkeit der weltlichen und geistlichen Herrscher auf sich zu ziehen, war das Ziel.

Als "Hofkünstler" des Abtes fiel mir die Ehre, aber auch die Pflicht zu, mit meinen Entwürfen dieses Begehren Anselms zu befriedigen.

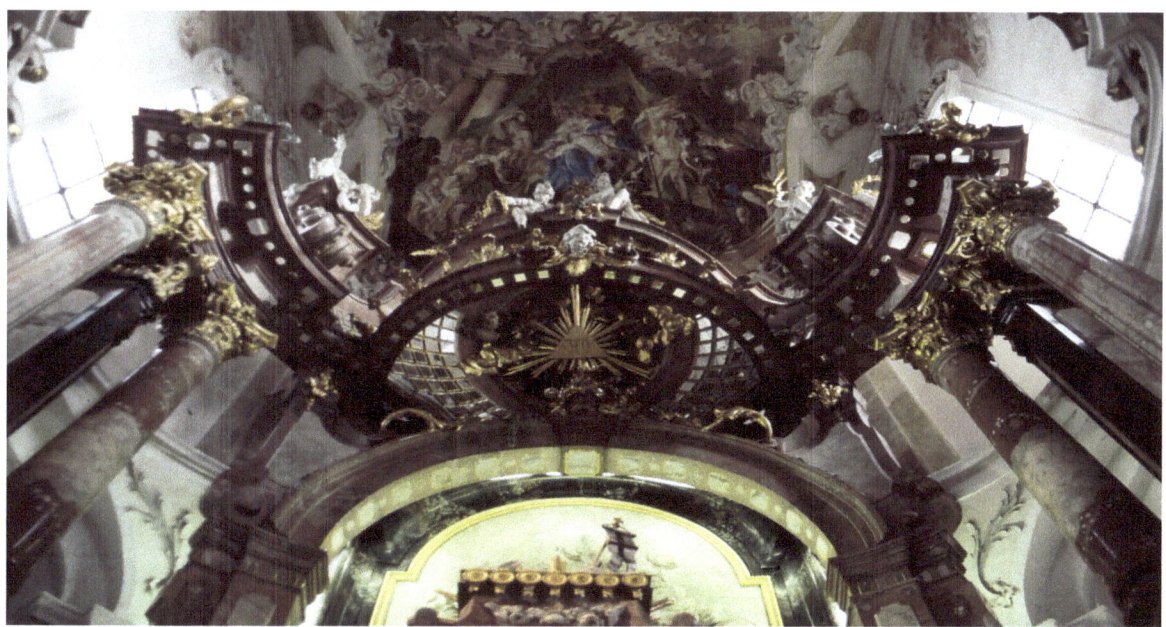

Blick in den tempelartigen Hochaltar. Vorangehende Doppelseite und gegenüber: Werkentwurf zum Birnauer Hochaltar, Entwurf und Ausschnitte. Feuchtmayer zeichnete die linke Altarhälfte. Wie auch in seinen übrigen Altarentwürfen ist die rechte Hälfte symmetrisch zu ergänzen. Rechts im Entwurf zeichnete er Detailstudien für den Rahmen des schon bestehenden Altarbildes und vom Profil des oberen Altarabschlusses mit Kuppel und Obelisk. Feuchtmayers Signatur: "Inv: von Jo:Faichtm.1748" (heute in der Staatsgalerie .Stuttgart, C 1931/6).

Es bestanden Vorgaben inhaltlicher wie auch baulicher Art, die ich bei der Planung des Hochaltars zu beachten hatte. Das Konzept zur Verherrlichung unserer Jungfrau Maria umfasste die gesamte Kirchenausstattung: die Fresken, die Skulpturen und die Architektur des Hochaltars. Der Inhalt des Programms wurde von gelehrten Mönchen des Klosters ausgearbeitet und uns vorgelegt.

Neben dem Gnadenbild der thronenden Maria musste ich Johann Christoph Storers fast hundert Jahre altes Altarbild mit der Himmelfahrt Mariens aus Alt-Birnau in den Entwurf einbeziehen. Die Architektur sollte sich an den kaiserlich-österreichischen Altären orientieren. Wie erwähnt hatte Anselm enge Verbindungen zum Kaiserhaus und wollte dies auch den Gläubigen sichtbar machen.

Meine eigenen jahrelangen Kontakte nach Österreich waren von großem Vorteil für das Projekt. Durch die Beziehungen meines Vaters und durch die Freundschaft zur Carlone-Familie war ich mit der kaiserlich-österreichischen Altararchitektur vertraut. Ich hatte schon von jungen Jahren an Kupferstiche und Zeichnungen von den bedeutendsten Altären in Wien und Umgebung gesammelt und Elemente daraus in meinen früheren Entwürfen verarbeitet.

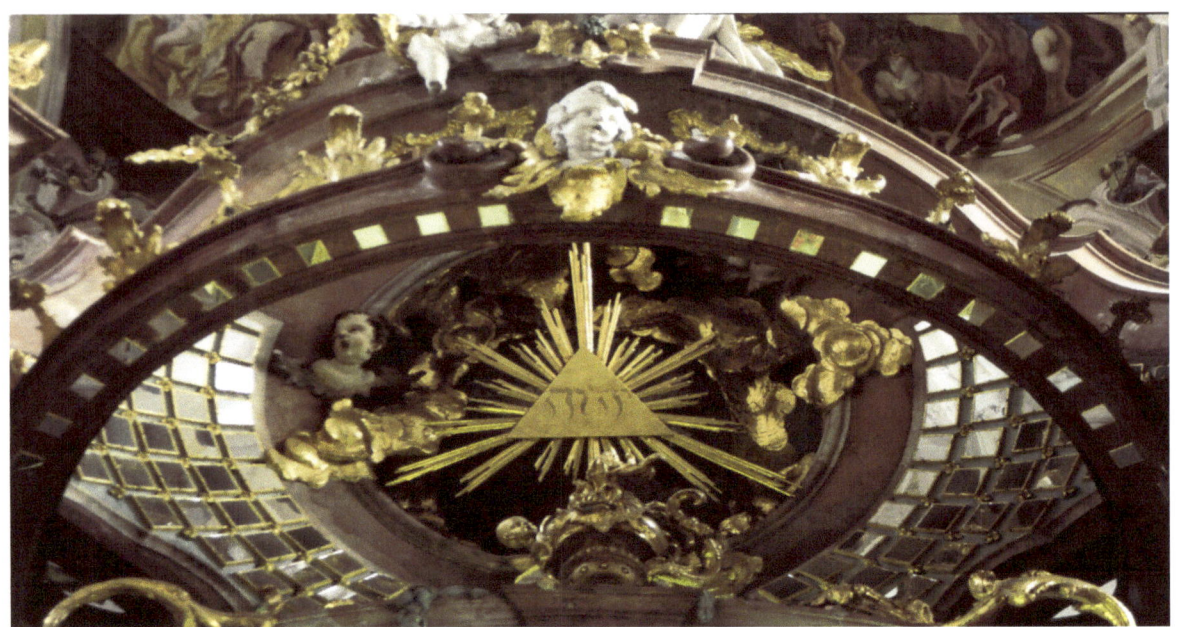

Bedeutende Hochaltäre aus dem Kaiserlichen Österreich, wie die Altäre in der Servitenkirche in Wien (mitte) und in der Wallfahrtskirche Frauenberg (Benediktinerkloster Admont) im Ennstal (darunter), dienten als Vorbilder für den Hochaltar in Neubirnau.

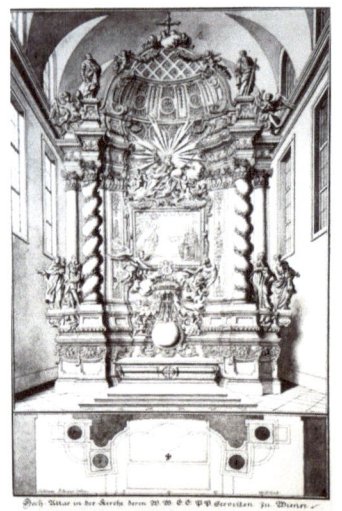

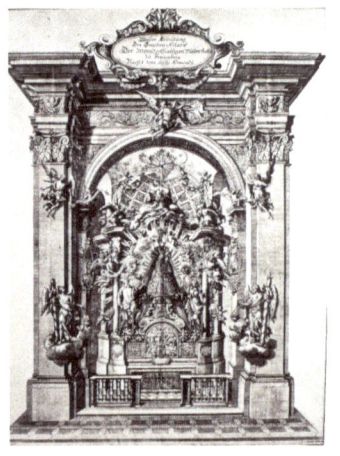

Brandneue Entwürfe zu einem Hochaltar in einer österreichischen Wallfahrtskirche legte uns Gottfried Bernhard Göz vor. Er hatte gerade für Abt Anton II. Meynersberg vom Benediktinerkloster Admont in Österreich Leinwandbilder fertiggestellt. Auch wenn er diesen Auftrag von Augsburg aus erledigte, stand Göz in engem Kontakt mit dem Bildhauer und Altarbauer des Abtes, Joseph Stammel. Die Beiden tauschten per reitendem Boten Zeichnungen und Kupferstiche aus. So kamen wir an die Ideen zu Stammels neuestem Projekt. Es handelte sich um die Entwürfe für den Hochaltar der Wallfahrtskirche Frauenberg, die zum Kloster Admont gehört. Admont liegt ungefähr vier Tagesritte südlich von Linz. Der Gedanke, den die Architektur des Hochaltars verkörpert, ist genial. Ein nach vorne offener Rundtempel mit einer Kuppel umgibt das Gnadenbild der Jungfrau Maria. Es entsteht somit im Kircheninneren ein eigener Raum, nahezu ein kleiner Tempietto für Maria. Anselm war von dieser Idee begeistert.

Stuckskulpturen vom Kuppelaufsatz des Hochaltars. Der auferstandene Christus von Michelangelo (unten) aus dem Jahre 1520 war im 18. Jahrhundert in zahlreichen Kupferstichen im Umlauf.

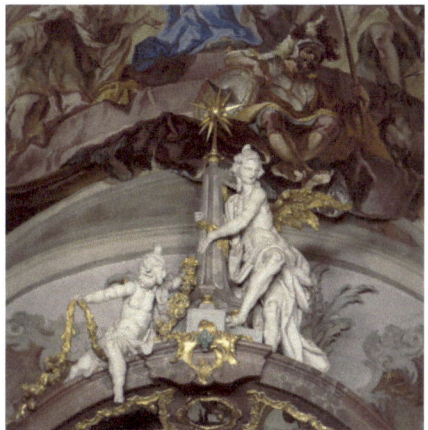

Vermutlich arbeitete Feuchtmayers Lehrer Carlone sogar in der Kirche S. Maria Sopra Minerva in Rom, in der die Marmorskulptur heute noch steht.

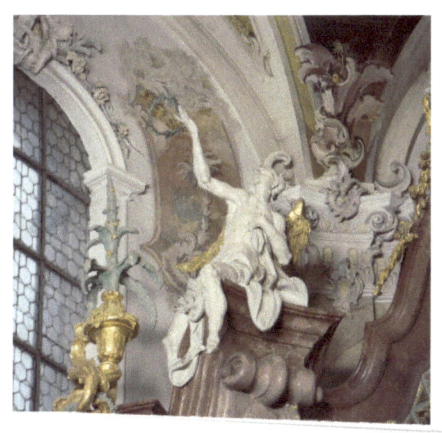

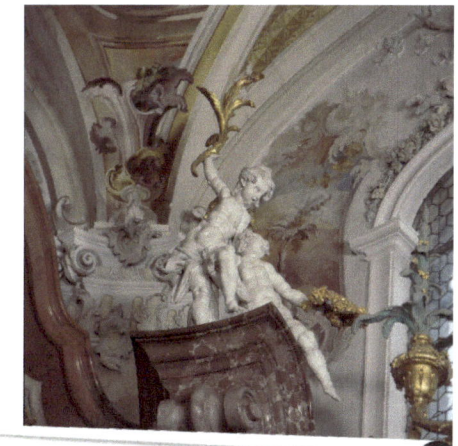

Es war meine Aufgabe, diese Vorlage unserem Projekt anzupassen. Dabei hatte ich die theologische Unterstützung Anselms und seines gelehrten Beraterstabes. Im künstlerischen Bereich ließ ich meinen Ideen freien Lauf. Die Kuppel, das Sinnbild des Himmelsgewölbes, sollte leichter erscheinen, nahezu über den Säulen schweben. Wir entwarfen Spiegel als Kassetten, verzierten Säulen und Gebälk mit Pflanzen, Palmen, Putten und Engeln. Der Triumphbogen, die Spiegel, die Vegetation, jedes Teil des Altars liest sich als Symbol für unsere Jungfrau Maria, die Himmelskönigin, die Mutter von Jesus, und ihren Triumph über das Böse.

Dem Engel mit dem Obelisken und dem Morgenstern, der die Kuppel bekrönt, habe ich ein besonderes Bewegungsmotiv gegeben: Eine Marmorskulptur des berühmten Michelangelo diente mir als Vorbild: Sein auferstandener Christus in der Kirche S. Maria sopra Minerva in Rom stand mir Modell. Dieses Motiv verwendete ich leicht abgewandelt und seitenverkehrt noch einmal in der Birnau. Es handelt sich um den kleinen Putto am rechten Seitenaltar, der den Honig schleckt.

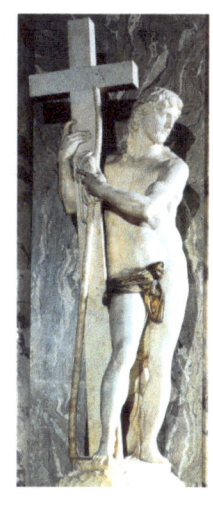

Und so bauen wir einen Altar

Sobald die Entwürfe für den Hochaltar von der Baukommission gebilligt worden waren, begannen die Bauarbeiten in der Kirche. Den Plänen entsprechend nahmen wir die genaue Vermessung und entsprechende Kennzeichnung des Aufstellungsortes vor. Die Maurer gossen nach der Vorbereitung der Baugruben die Fundamente für die mächtige Altararchitektur. In den folgenden Tagen und Wochen bauten die Zimmerleute aus Holzkonstruktionen und Backsteinen die Rohbauten für Sockel, Säulen, Pilaster und für den Triumphbogen. Mit Hilfe von Eisenstäben verankerten sie diese Konstruktionen an der Chorwand der Kirche.

Die Schmiede fertigten nach meinen Maßangaben die Eisengerüste für den Kronreif und die Altarkuppel an. Nachdem ich den Rohbau geprüft und in allen Teilen für statisch gesichert sowie in den richtigen Maßen hergestellt erachtet hatte, begannen wir mit den aufwendigen Stuckarbeiten. In der Regel ergibt sich dabei folgender Ablauf:

Meine Gesellen brennen Gips und rühren damit einen groben Mörtel nach altüberliefertem Rezept vor Ort an. Dieser Rauputz dient als Unterlage für den Stuckmarmor. Gebrannter Gips, Kalk und Sand, vermischt mit Kälberhaaren, bilden hierfür die Grundstoffe. Hinzu kommen Wein und Quark als Zusatzstoffe. Sie verhindern das schnelle Trocknen der Masse und geben somit mehr Zeit zum Modellieren. Die Gesellen bringen das Gipsgemisch auf der Unterkonstruktion an. Jetzt muss der Putz je nach Wetterlage zuweilen mehrere Wochen trocknen. Diese Zeit nutzen wir für Arbeiten auf anderen Baustellen. Dann beginnt die farbige Gestaltung des Altars.

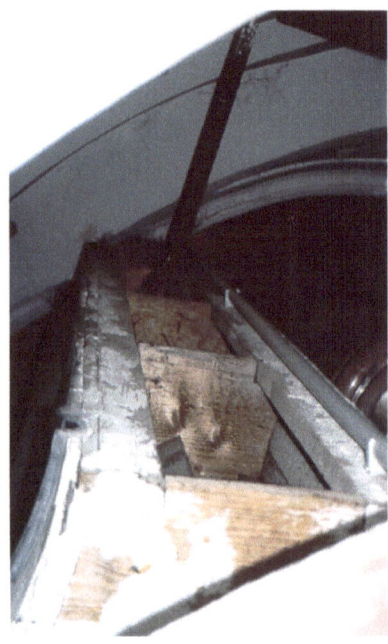

Seitlicher Blick in den Hochaltar und Rückseite einer Säule mit Holzkonstruktion und Eisenstab zur Verankerung in der Chorwand.

In Portionen geteilter Gipsteig im Vordergrund, dahinter Einkneten der verschiedenfarbigen Pigmente.

Mit einem dünnen Draht in Scheiben geschnittener, pigmentierter Stuckmarmorteig.

Der in Scheiben geschnittene Marmorteig wird auf den Rauputz um die Säule gelegt. Auf dem getrockneten groben Mörtel ist der Farbverlauf des Stucks mit den in Wasser gelösten Pigmenten aufgemalt.

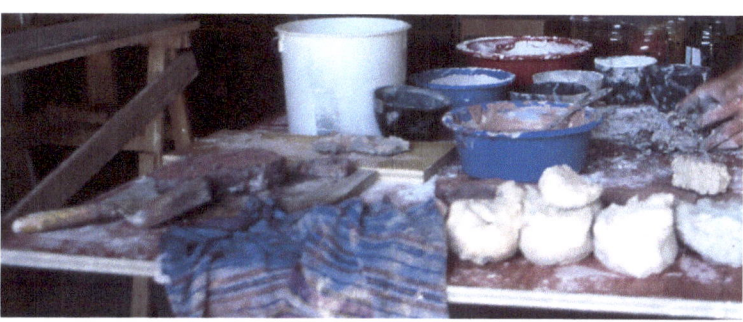
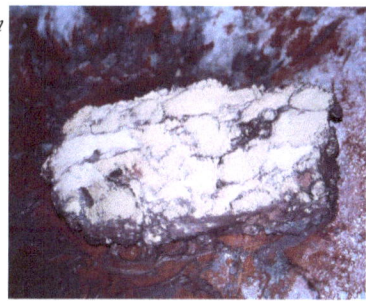
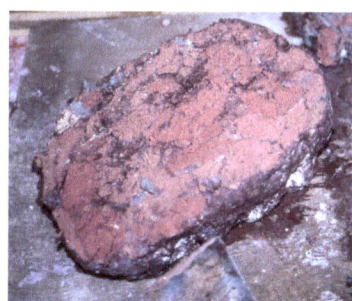
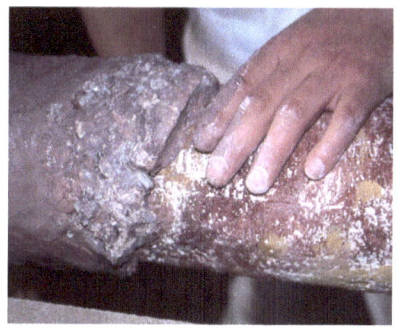
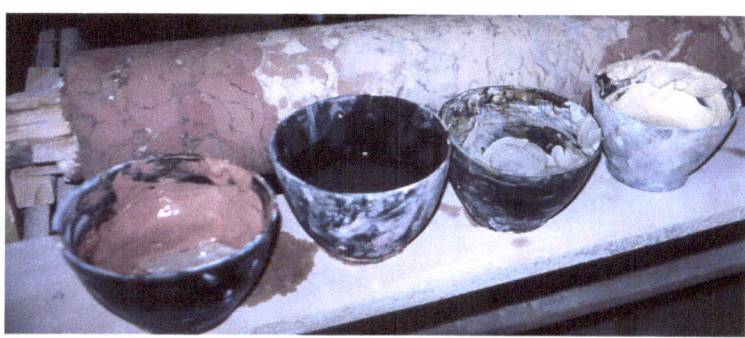

Die Herstellung von Stuckmarmor

Als nächstes fertigen wir für die farbige Gestaltung des Hochaltars den Stuckmarmor aus einem Gemisch von Gipskalkmörtel, Leimwasser sowie Wein und Quark an. Es entsteht ein zunächst einfarbiger heller Teigklumpen, der in mehrere Portionen unterteilt wird. In die einzelnen Portionen kneten wir, entsprechend der farblichen Absprache mit dem Maler, unterschiedlich angerührte Pigmente, zum Beispiel Ocker oder Umbra, ein. So erhalten wir verschiedenfarbige Teige. Diese werden mit einem feinen Draht in Form geschnitten und je nach gewünschtem Farbverlauf in einer Stärke von ungefähr ½ Zoll (1-2 cm) über den Rauputz aufgelegt.

Die Herstellung des Stuckmarmors birgt somit gegenüber Gesteinsmarmor den großen Vorteil, dass wir die Farbe von Altar, Altarbildern und Deckenmalereien genau aufeinander abstimmen können. Obwohl die Herstellung des Stuckmarmors sehr zeitaufwendig ist, kamen allein die Kosten für den Transport des italienischen Gesteinsmarmors über die Alpen für Anselm nicht in Frage.

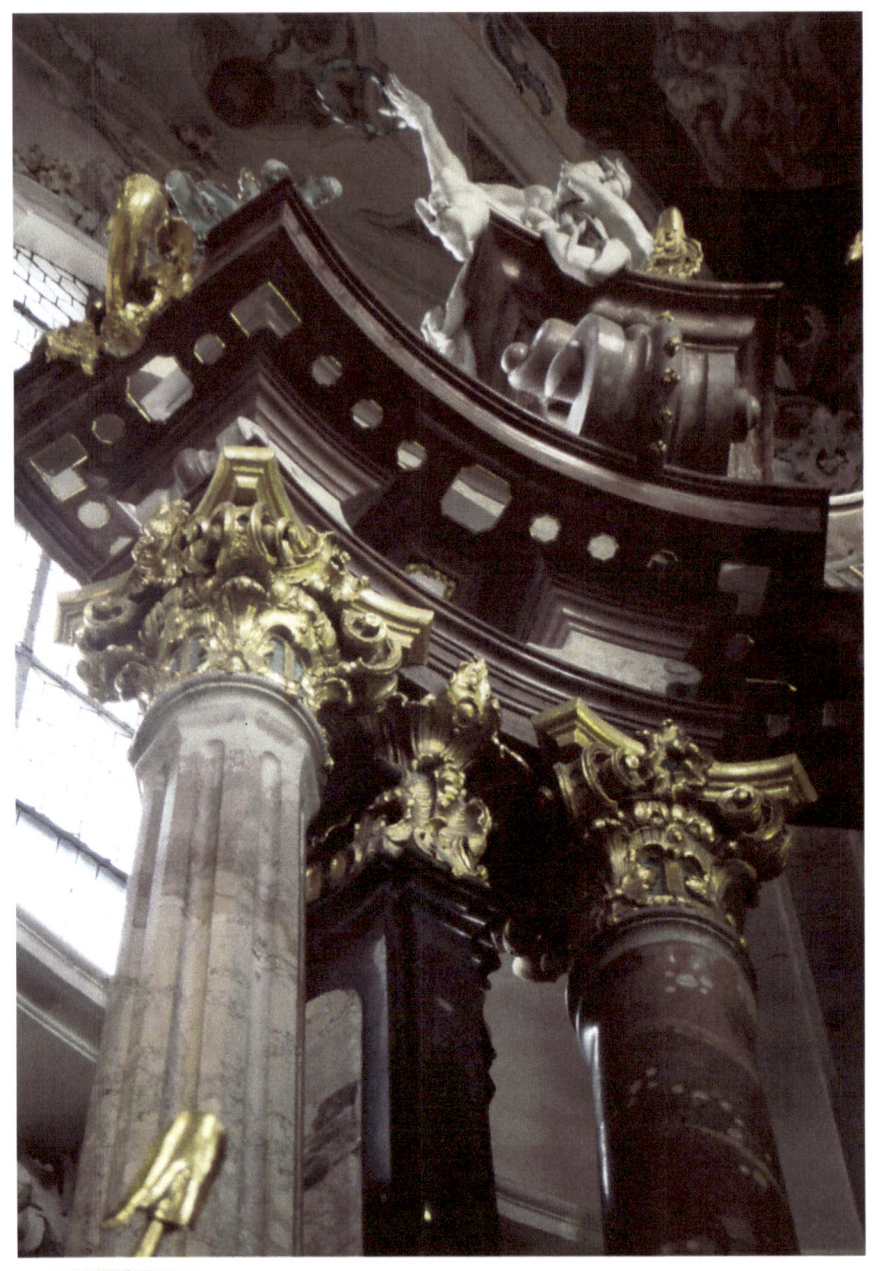

Nach dem vollständigen Auftragen des Teiges auf die über vier Meter hohen Säulen beginnt die wochenlange Arbeit des Stuckens und Ausspachtelns von Poren. Der Stuckmarmor wird dafür vielfach mit Leimwasser und Leinöl überzogen. Es entstehen immer wieder Trockenzeiten, die je nach Witterung die Dauer der Arbeiten über Wochen in die Länge ziehen können. Dann bekommt die Säule mit Gelb- und Schlangenstein ihren Schliff. Zuletzt wird der Stuckmarmor mit Blutstein (Hämatit) poliert, bis die Säulen in dem gewünschten Glanz erscheinen. Denn Glanz ist die Verdichtung der Oberfläche. Das Schleifen und Polieren übernehmen meine Hilfskräfte. Ich kontrolliere immer wieder ihre Arbeiten.

Die unbehandelte Rückseite der Hl. Anna vom Hochaltar in der Birnau lässt deutlich das grobe Gipsmaterial und die Holzkohlen-Füllung erkennen.

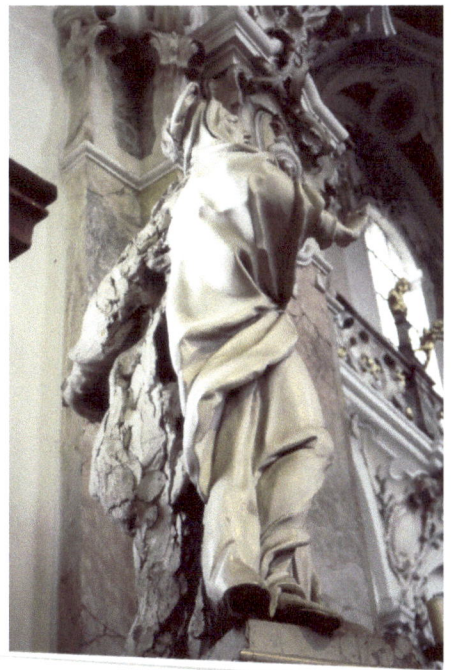
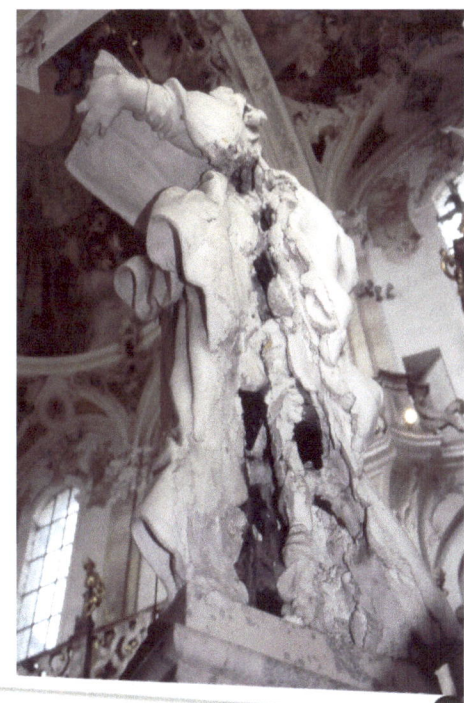

Die Anfertigung der Stuckfiguren

Die Stuckfiguren entstehen zuletzt. Je nach Größe birgt auch ihr Inneres einen Holz- oder Backsteinkern. Zur Stabilisierung der ausladenden Teile wie Arme, Beine, wehende Mäntel oder Flügel lasse ich vom Schmied Eisengerüste anfertigen und an den Unterbau ansetzen. Kleine Figuren bestehen im Inneren nur aus Eisengerüsten und können in der Werkstatt hergestellt werden. Der stabile Unterbau wird von meinen Gesellen mit einem groben Gipsmörtel ummantelt. Hierein betten wir Holzkohle als leichtes, nicht quellendes Füllmaterial. Erneut kommt eine Rauputzschicht über diese Konstruktion. Dabei lege ich die genauen Größenverhältnisse der Körperteile fest. Dann folgt der Feinputzauftrag. Die Feinmodellierung der Figur liegt in meiner Werkstatt in der Hand des Meisters. Die Gesichter sollen ausdrucksstark sein, alte Frauen, wie die Hl. Anna, Marias Mutter, von den Jahren gezeichnet. Augen und Nase forme ich aus dem noch feuchten Gipsmaterial, feine Strukturen, wie Haare, bearbeite ich mit dem Schnitzmesser und anderen Werkzeugen, die ich aus meiner Tätigkeit als Holzbildhauer zur Verfügung habe. Bei Aktfiguren, wie Johannes dem Täufer am linken Choraltar, modelliere ich aus dem noch nicht abgebundenen Feinmörtel die Muskeln heraus. Sicherlich habe ich bei der menschlichen Anatomie nicht die Kenntnisse eines Michelangelo oder eines Leonardo da Vinci, aber schließlich liegt es mir fern, Leichen zu untersuchen oder zu sezieren. Zuletzt stucken, schleifen und polieren meine Gehilfen die Figuren, bis sie in weißem Glanz erscheinen. Nach einer endgültigen Begutachtung präsentiere ich die fertigen Werke dem Abt.

Die ehemalige Gartenanlage bei der Birnau. Ausschnitt aus dem Gemälde von Abt Anselm (s. S. 45). Unten: Kostenaufstellung von Feuchtmayer, Generallandesarchiv Karlsruhe

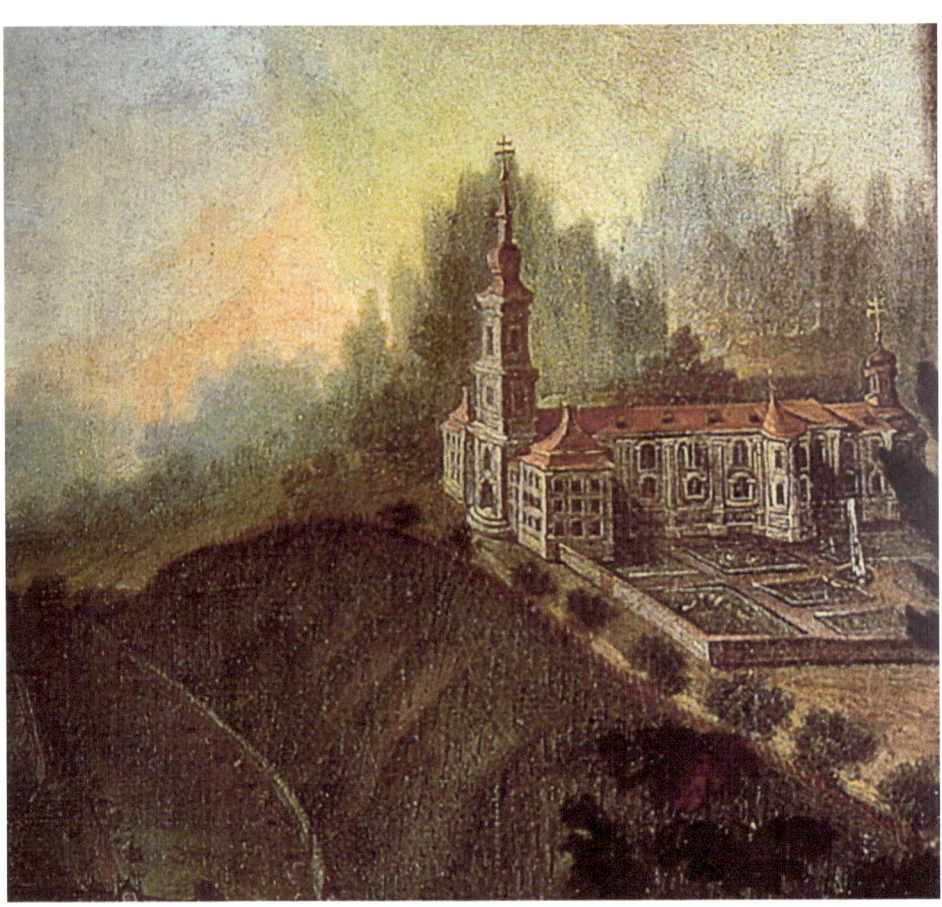

Preise in der 1. H. des 18. Jh.s:
Pferd	40 fl
Einfaches Menü im Gasthaus	7 kr
Perücke	18 fl
Jahresgehalt eines Hofmedicus (konnte zusätzlich Rechnungen stellen)	360 fl
eines Leibkutschers	150 fl

"Verzeichnis der Kosten, die ich wegen Machung der Brustbilder, kindl und Bluemenkrieg in der Birnau zu schneiden und zu vergulden übernommen habe:
Erstl: ist zu wissen, daß man selben gegen 5 Monate daran zu schneiden und zu vergulden gehabt, nemlich 3 Bildhauer und 2 bisweilen drei Maler.

Für Gold ist ausgelegt worden:	182 fl. 32 kr.
Habe noch selbst etwas Meeserschmiedgold gehabt welches macht:	16,-
Bildhauergesell Antony (Franz Anton Dirr):	104,-
Das Lindenholz dazu, welches von Kloster Wald kam:	24,-
Dem Hans Jörg (Johann Georg Dirr) weil er meiste Zeit bis Mitternacht gearbeitet hat wöchentlich für Kost und Lohn 8 fl. macht 18 Wochen	144,-
Für Leim, Grund, Öl, Lichter, Geschir, Pinsel ein Zimmer zu heizen, ist auf das Genaueste zu rechnen	18,-
Weil man an Son- und Feiertag gearbeitet, auch bis Mitternacht, hat man den Leuten allzeit ein Thrunk gegeben, macht überhaupt	5,-
Der Vergulderlohn und Handlanger macht zusammen mit samt deren Kost und Thrunk	68,-

Sind noch unterschiedliche Sachen wie Kohle, Baumwolle, Wein...so nit gerechnet, gebraucht worden

                                            Summe   561 fl. 32 kr.

Der Akkord   825
Ausgab   561
fl: 264   dies ist für mein Müh und Arbeit der Profit.
Das ich nicht für eine solche Arbeit, da ich noch so viele Leute halten mußte, mehr in dieser langen Zeit mit gutem Gewissen verdienen sollte, das ist unwidersprechlich für Leute, die es verstehen. Denn man hat daran nicht wie sonst gearbeitet sondern sich Tag und Nacht abgeschunden.

                                                          Jos. Faichtm."

Die Aufstellung der Figuren am Hochaltar

Nach der Planung auf dem Papier wären die Hochaltarfiguren der Birnau hinter den Mauerzungen des Chorbogens für den Pilger im Langhaus nicht sichtbar gewesen. Daher wichen wir bei der Aufstellung vom Entwurf ab. Ich ließ mir etwas Besonderes einfallen: Wir hatten mit dem Hochaltar einen kleinen Rundtempel für die thronende Maria geschaffen. In diesem Raum huldigt die Heilige Sippe - das sind Anna, Joachim, Elisabeth und Zacharias - der Himmelskönigin mit dem Jesuskind auf dem Schoß. Ich holte diese Heiligen von ihren üblichen Standorten zwischen den Altarsäulen herunter und stellte sie auf ein eigenes Postament in den Tempietto. So können sie sich frei bewegen und werden nahezu lebendig. Mit einer ausgreifenden Bewegung liest zum Beispiel Anna ihrer Tochter aus der Heiligen Schrift vor. Meine Idee der freistehenden, lebhaft gestikulierenden Skulpturen machte auf andere Bildhauer so großen Eindruck, dass sie ihre Altarfiguren künftig ähnlich positionierten.

Am Heiligen Abend im Jahre 1749 empfing ich 1600 fl für meine Arbeit am Hochaltar. Davon ging ein Teil an meine Gesellen und Hilfskräfte als Lohn. Einen weiteren Anteil hatte ich für Materialkosten vorgelegt.

Die Kirchweihe

Nach nur dreijähriger Bauzeit wurde ab dem 19. September 1750 vier Tage lang gepredigt, gebetet und gefeiert. 20 000 Menschen kamen, um den Feierlichkeiten zur Einweihung der Birnau beizuwohnen. Am 20. September nahm ich an der Prozession teil, die das Gnadenbild nach zweieinhalb Jahren Aufenthalt im Kloster Salem über den Prälatenweg in die neue Kirche brachte. Volksmengen drängten sich vor der Wallfahrtskirche. Nie werde ich den Einzug in die mit Kerzen erleuchtete Kirche vergessen und den Augenblick, als Weihbischof Franz Carl Joseph Graf Fugger aus Konstanz mit Hilfe einiger Patres das Gnadenbild auf seinen Platz in dem von meiner Werkstatt errichteten Hochaltar setzte. Es war ein erhebendes Gefühl. Meine Gedanken schweiften zu all den Arbeitsstunden, die ich hier mit meinen Mitarbeitern Tag und Nacht verbracht hatte, wie wir hoch oben auf den Gerüsten letzte Hand anlegten, um die Figuren richtig zu positionieren, ins rechte Licht zu rücken. Und jetzt schien es mir, als würden all meine Stuckfiguren tatsächlich zum Leben erwachen und in der Kirche applaudieren.

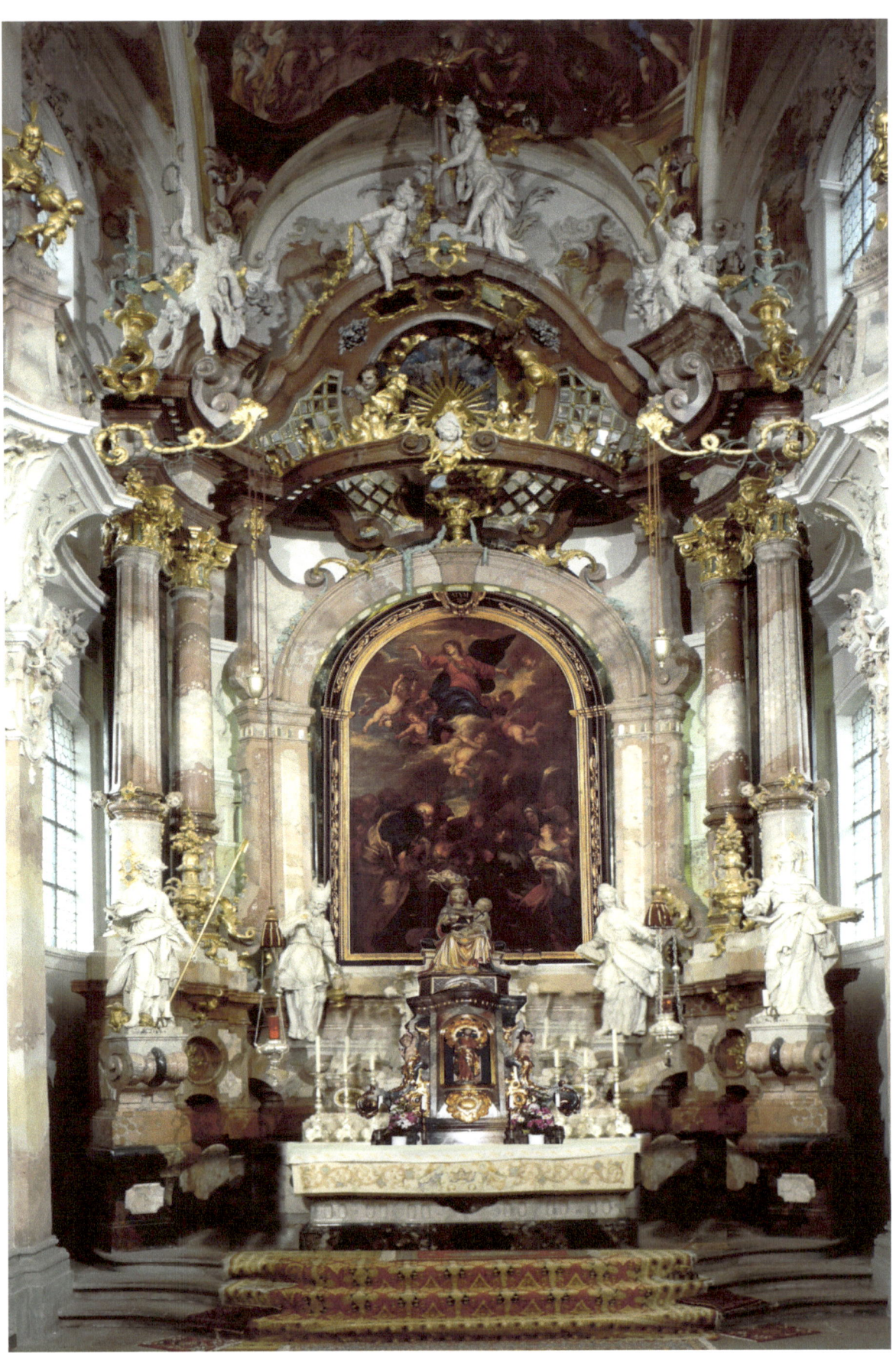

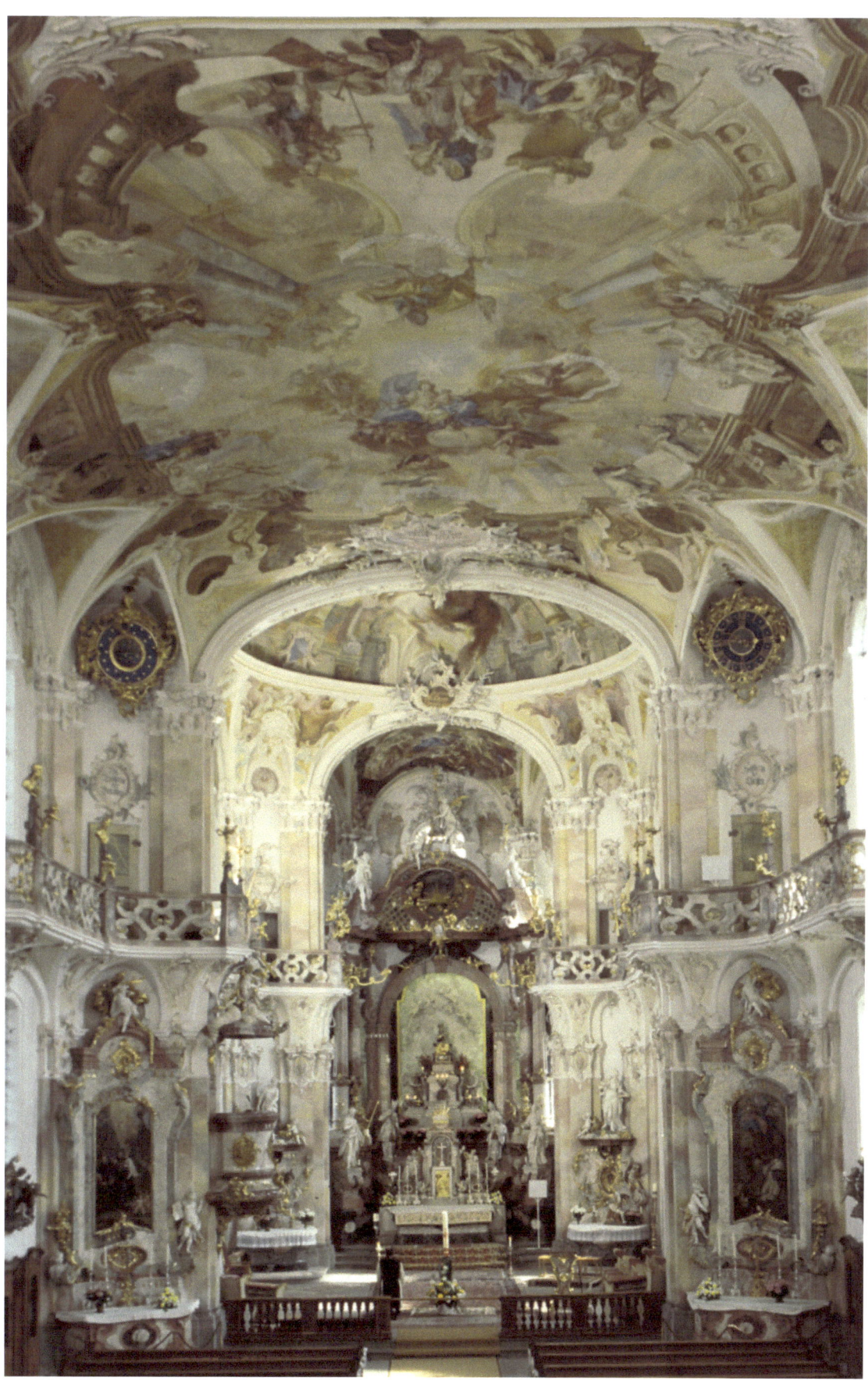

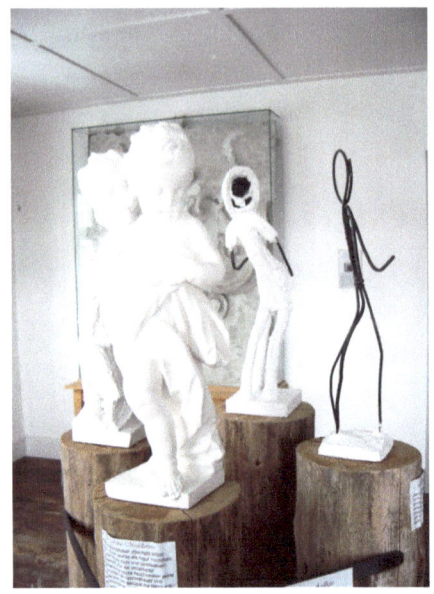
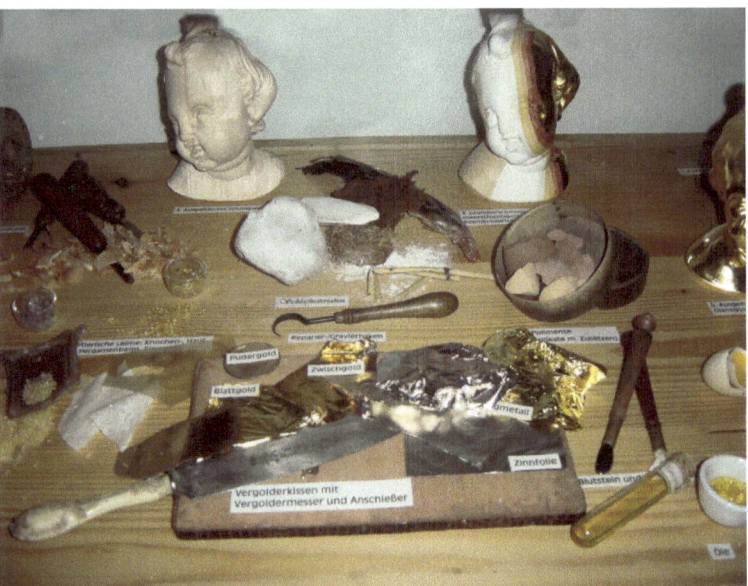

Das Feuchtmayerhaus in Mimmenhausen bildete das Zentrum vom Schaffen des Künstlers. Heute ist darin ein Museum eingerichtet, welches seine spannenden, künstlerischen und zeichnerischen Werke sowie deren Entstehung veranschaulicht.

Vorangehende Doppelseite: 41 Jahre nach Fertigstellung des Hochaltars ersetzte Johann Georg Wieland (Nachfolger in der Feuchtmayer-Werkstatt) das Hochaltarbild von Storer durch ein Alabasterrelief und das Tabernakel gegen das heute noch Bestehende. Die Altararchitektur und das Figurenprogramm blieben bestehen. Doch beeinträchtigt der Eingriff das Zusammenspiel von Altararchitektur, Figurenprogramm, Gnaden- und Altarbild sowie das des gesamten Kirchenraums mit den einst farblich auf das Altarbild abgestimmten Fresken. Das ursprüngliche Tabernakel befindet sich heute in Tepfenhart (Salemer Grangie), das ursprüngliche Altarbild in der ehemaligen Zisterzienserinnen Klosterkirche Rottenmünster. Li.: Versuch einer Rekonstruktion des ursprünglichen Zustands (Computersimulation).

Als Künstler am See

Nur wenige Künstler am See haben es zu meinem Wohlstand und Ansehen gebracht. Das Kloster Salem ist ein bedeutender Arbeitgeber am Nordufer des Bodensees. Büchsenmacher, Hutmacher, Uhrenmacher, Perückenmacher, Schneider, Schuster und Glockengießer haben sich in Mimmenhausen niedergelassen, mit der Aussicht auf Aufträge vom Kloster und den dort lebenden Angestellten. Als Stuckateur habe ich das Privileg, aus dem Stand der Handwerker herausgewachsen zu sein und den Künstlern zugeordnet zu werden. In den Klöstern hatte ich daher die Ehre, an den Herren- oder Offizierstischen zu essen und musste nicht, wie für einen Handwerker üblich, an den Meistertisch.

Mein letzter Wille

Mein Testament habe ich verfasst. Mein Vermögen beläuft sich auf ungefähr 8000 fl, die Hälfte davon ist Barschaft. Mein großes Wohnhaus und das Gut am Killenweiher gehen nach meinem Ableben an das Kloster zurück. Der Gemeinde Mimmenhausen vermache ich einige meiner Ländereien. Als Universalerbin habe ich die Schwester meiner treuen, vor kurzem verstorbenen Frau, Ernestina Hollstein, eingesetzt. Sie pflegt mich seit meiner schweren Krankheit. Außer Maria Theresias verschlossenem Kasten mit einer Barschaft von 1000 fl erbt Ernestina ein Grundstück, Bienenstöcke, Möbel, Truhen, Bettzeug, Leinen, alle Ess- und Trinkwaren sowie das Brennholz. Die Kunstsachen bekommen meine drei Bildhauergesellen. Einige Florene vermache ich umliegenden mir wohl gesonnenen Klöstern. Mein letzter Wille ist, in meiner Pfarrkirche in Mimmenhausen begraben zu werden. Mein Antlitz werde ich der Nachwelt nicht hinterlassen. Wichtig ist mir, im Namen Gottes, dass meine Werke vor allem meine Altarbauten und meine Figuren aus Stuck, Holz und Stein ewig leben. Es war immer mein Anliegen, Figuren mit Ausdruck und voller Leben zu schaffen.

Joseph Anton Feuchtmayer starb zwei Monate nach seiner Frau, am 2. Januar 1770, im Alter von 74 Jahren.

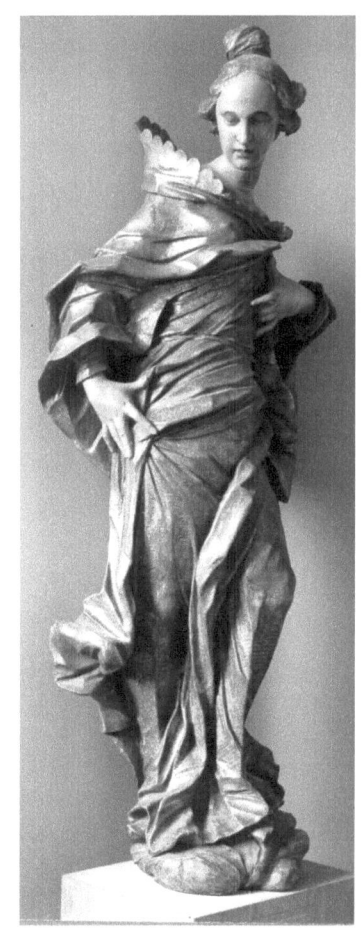

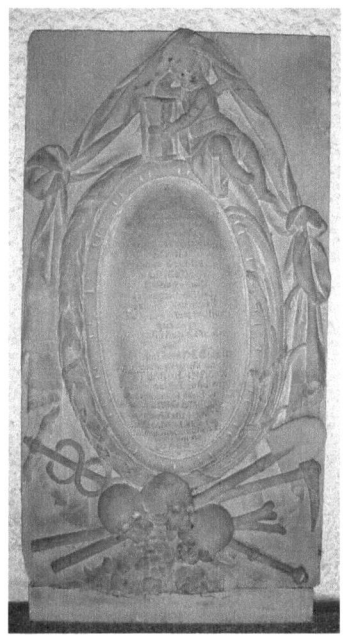

Maria, Staatliche Museen Berlin

Den Grabstein von Joseph Anton Feuchtmayer (unten) meißelte Johann Georg Dirr. Er befindet sich heute in der Pfarrkirche von Mimmenhausen.

Literatur in Auswahl

Barockjuwel am Bodensee, 250 Jahre Wallfahrtskirche Birnau, Lindenberg 2000;
Wilhelm Boeck, Joseph Anton Feuchtmayer, Tübingen 1948;
S.A. Colombo, S. Coppa, I Carloni di Scaria, 1997, 46-56, 127-219;
Hans Martin Gubler, Peter Thumb, Ein Vorarlberger Barockbaumeister, Sigmaringen 1972;
Marion Harder-Merkelbach, Der Hochaltar der Wallfahrtskirche Birnau, in: Barockjuwel am Bodensee, 250 Jahre Wallfahrtskirche Birnau, Lindenberg 2000;
Volker Himmelein (Hrsg.), Alte Klöster Neue Herren, Ausstellungskatalog, Bd. 1-3, Ostfildern 2003;
Eduard Isphording, Gottfried Bernhard Göz 1708-1774, Ölgemälde und Zeichnungen, 2 Bände, Weißenhorn 1982;
Ders., Gottfried Bernhard Göz 1708-1774. Ein Augsburger Historienmaler des Rokoko, Weißenhorn 1997;
Stephan Klingen, Von Birnau nach Salem, der Übergang vom Rokoko zum Klassizismus in Architektur und Dekoration der sudwestdeutschen Sakralkunst, Diss. Bonn 1993;
Ulrich Knapp, Die Wallfahrtskirche Birnau, Planungs- und Baugeschichte, Friedrichshafen 1989;
Ders., Entwurf und Kopie, Zeichnungen Joseph Anton Feuchtmayers und seiner Werkstatt zum Hochaltar in der Meersburger Schlosskapelle, in: Zeitschrift des deutschen Vereins für Kunstwissenschaft, 43. Bd., Heft 3, 1989, S. 37-71;
Ders., Joseph Anton Feuchtmayer, Konstanz 1996;
Wilhelm Georg Rizzi, Altaransichten von Salomon Kleiner, in: Triumph der Phantasie, Wien 1998, S. 104 ff;
Salem, Vom Kloster zum Fürstensitz 1770-1830, Karlsruhe 2002
Horst Sauer, Archivalien zu Joseph Anton Feuchtmayer, in: Zeitschrift für die Geschichte des Oberrheins, N.F. 94, 1942, S. 382-457;
Ders., Zeichnungen der Mimmenhausener Bildner und ihres Kreises. Studien zur deutschen Kunstgeschichte, Heft 307, Leipzig 1936;
Vom Bodensee an den Neckar, Bücherschätze aus der Bibliothek des Zisterzienserklosters Salem in der Universitätsbibliothek Heidelberg, Schriften der Universitätsbibliothek Heidelberg, Bd. 5, Heidelberg 2003;
H. Vagt, Untersuchungen zum Werk Diego Francesco Carlones, 1970;
Paul Zinsmeier, Neue Beiträge aus Salemer Archivalien zu Joseph Anton Feuchtmayer, in: Zeitschrift für die Geschichte des Oberrheins N.F. 98, 1950,
S. 147-180.
Vitruvius Pollio, Zehn Bücher über die Baukunst, Darmstadt 1964

Abbildungen:

*Mein herzlicher Dank für die Genehmigung zum Druck der Abbildungen gilt
dem Rosengarten Museum (Städtische Wessenberg-Galerie Konstanz),
der Staatsgalerie Stuttgart,
der Stiftsbibliothek St. Gallen,
der Bild- und Filmstelle der Erzdiözese Freiburg (Abb. S. 54 oben, S. 56, S. 57 unten, S. 58 Mitte links und unten links, , S.65 oben rechts, Mitte, links, S. 73),
dem Fürstlich Waldburg-Zeilschen Gesamtarchiv
 und nicht zuletzt
SKH Bernhard Prinz von Baden
sowie
den Zisterzienser-Mönchen und Mitarbeitern der Wallfahrtskirche Birnau.*

*Die Urheberrechte der Abbildungen von den Feuchtmayer Zeichnungen liegen bei den in den Bildunterschriften genannten Aufbewahrungsorten.
Wenn nicht in den Bildunterschriften und oben anders vermerkt, stammen die Aufnahmen und Grafiken von der Verfasserin.*

Die Gemeinde Salem, die Sparkasse Salem-Heiligenberg, der Südkurier, namentlich Herr Martin Baur, Lokalredakteur Überlingen, sowie Herr Stephan Kopf und Herr Kurt Riedlinger aus der Geschäftsleitung vom Medienhaus Südkurier haben zum Gelingen des Buches beigetragen. Ihnen sei an dieser Stelle aufrichtig gedankt. Für das Lektorieren des Buches gilt mein herzlicher Dank Frau Dr. Dorothea Noé-Rumberg.

Über die Autorin

Marion Merkelbach ist promovierte Kunsthistorikerin. Zu ihren Leidenschaften gehört das Schreiben. Studienaufenthalte in Rom und Florenz sowie das Leben am geschichtsträchtigen Bodensee ließen sie in den Alltag der Vergangenheit eintauchen. Nach einigen wissenschaftlichen Arbeiten entstand ihr historischer Roman "Der Medicus vom Bodensee" und im Dezember 2012 erschien der Nachfolgeroman "BodenSeele".
Das Herz der Autorin schlägt aber auch für Afrika. Erlebte Abenteuer in einer unvergleichlichen Landschaft, beherrscht von wilden Tieren, belebt von einer ursprünglichen Kultur, inspirierten sie zu ihrem Familien-Roman "Hammamegageil! Ein Familientrip durch Namibia" und die Besteigung des Kilimanjaro zu „Kilimanjaro – Premium Lager"

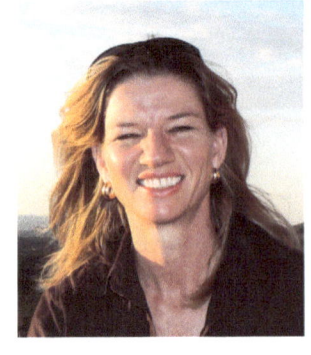

www.marion-merkelbach.de
Bestellungen der Romane, auf Wunsch signiert oder mit Widmung:
Marion.Merkelbach@t-online.de

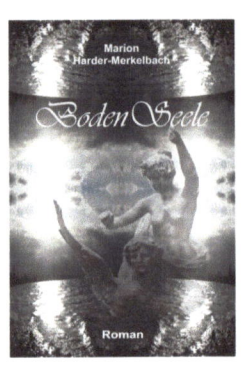 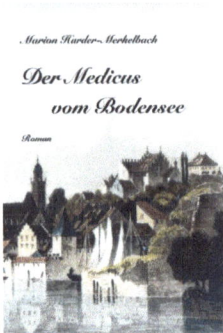 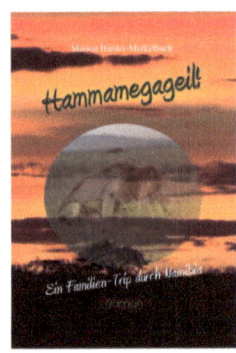 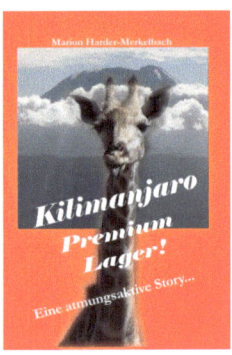

Marion Harder-Merkelbach
BodenSeele
Roman, erschienen 2012 bei Weissbooks (Vertrieb),
335 Seiten

„Marion Harder-Merkelbachs präzise recherchierter Spätmittelalterroman "BodenSeele" ist ein Glanzstück des Genres." (Badische Zeitung, 24.8.2013)

Bodensee 1464: Bei einem Fest auf der Burg Hohentwiel verliebt sich der Überlinger Patriziersohn Matthias Reichlin in Simarna, die uneheliche Tochter einer Ketzerin. Simarna wird von ihrem Vater, dem Hohentwieler Burgherrn, in den Schwarzwald ins Kloster abgeschoben. Matthias wird von seinem Vater gezwungen, in Italien Medizin zu studieren. Geheime Treffen zwischen der Novizin und dem Student Matthias werden beobachtet. Wie Bluthunde nehmen die Hexenjäger die Fährte von Simarna auf und verfolgen auch Matthias bis nach Italien…

Marion Harder-Merkelbach
Der Medicus vom Bodensee
Roman, erschienen 2008, Edition Isele, 232 Seiten.

Süddeutschland und Italien im 15. Jahrhundert:
Der vom Bodensee stammende Patriziersohn Andreas Reichlin gerät während seines Medizinstudiums an der Elite-Universität von Padua in einen Studentenkreis von Welterneuerern. Als berühmter Arzt trifft Reichlin später erneut auf seine Freunde: Der eine ist inzwischen Papst Pius II., der andere der einflussreiche Kardinal von Kues und Leon Battista Alberti gehört zu den revolutionären Architekten Italiens. Auf unterschiedliche Weise streben die Freunde danach, das irdische Paradies zu erschaffen. Der „Medicus vom Bodensee" entführt in das spannende Leben zwischen mittelalterlicher Religiosität und dem Aufbruch zu sinnlichem Lebensgenuss, der Freude an der Natur und an der italienischen Baukunst der Renaissance.

Marion Harder-Merkelbach
Hammamegageil!
Ein Familientrip durch Namibia
Roman, erschienen 2012, 220 Seiten; erhältlich als Taschenbuch und e-Book
bei Amazon.

Familie Fröhlich und Familie Sommer erleben - diesmal mit ihren Kindern Maximiliane, Uli und Charlotte - in Afrika traumhafte, lustige, spannende, aber auch lebensbedrohliche Abenteuer. Sie entdecken in Namibia ein spektakuläres Land der Superlative, nicht nur was die Tierwelt angeht. Denn größer, höher, schneller, giftiger und gefährlicher als die zum Teil hautnahen Begegnungen mit Elefanten, Giraffen, Löwen, Geparden und Schlangen geht`s nicht. Die atemberaubende Landschaft, mitreisende Sonnenuntergänge auf „der Tischplatte der Riesen" versetzen Fröhlichs und Sommers nahezu in Ekstase. Doch die Selbstfahrertour im zweiradgetriebenen Daihatsu birgt auch ihre Tücken… Ein heiterer Afrika-Roman für die ganze Familie mit den Akteuren von *Kilimanjaro – Premium Lager*.

Marion Harder-Merkelbach
Kilimanjaro - Premium Lager!
Eine atmungsaktive Story...
erschienen 2013, 140 Seiten, erhältlich als Taschenbuch und e Book bei Amazon

Kilimanjaro - Premium Lager - five Stars! -
verspricht Michael. Doch Emma, Aurora und Lutz haben sich die Übernachtungen im Premium Lager während ihrer Besteigung des Kilis anders vorgestellt...
Was die Giraffe unter den Tieren, das ist der Kilimanjaro unter den afrikanischen Bergen - ein Superlativ der Natur - hoch, elegant, sinnlich, ungezähmt, hemmungslos, geheimnisvoll...

www.ingramcontent.com/pod-product-compliance
Lightning Source LLC
Chambersburg PA
CBHW051157220526
45473CB00003B/801